Hannelore Risch

Gott spricht – ich höre

Ermutigende Erlebnisse

SCM R.Brockhaus

SCM

Stiftung Christliche Medien

Die Bibelverse sind folgender Übersetzung entnommen:
Lutherbibel, revidierter Text 1984, durchgesehene Ausgabe in neuer
Rechtschreibung, © 1999 Deutsche Bibelgesellschaft, Stuttgart.

Zitat von Peter Hahne
© Johannis-Verlag, Lahr/Schwarzwald.

Jochen Klepper: Morgenlied; aus: ders., Ziel der Zeit.
Die gesammelten Gedichte, © Luther-Verlag Bielefeld, 8. Aufl. 2008

Text von Reinhold Ruthe aus: ders., Zufrieden im Alter,
© 2008 by Joh. Brendow & Sohn Verlag GmbH, Moers.

Text von Friedrich Schwanecke aus: ders., Erhörte und unerhörte
Geschichten, © Peter Hammer Verlag (Jugenddienst-Verlag) Wuppertal, 1966.

»Du schöner Lebensbaum« (Strophe 3 und 5)
Text: Dieter Trautwein, © Bärenreiter-Verlag, Kassel

© 2010 SCM R.Brockhaus im SCM-Verlag GmbH & Co. KG, Witten
Umschlag: Ursula Stephan, Wetzlar
Satz: Breklumer Print-Service, Breklum
Druck: CPI–Ebner & Spiegel, Ulm
ISBN 978-3-417-26324-4
Bestell-Nr. 226.324

INHALT

VORWORT

Als junge Frau erlebte ich nach dem Krieg zusammen mit meinem Mann voller Staunen, wie sich die deutschen Grenzen öffneten und wir endlich ins Ausland reisen konnten. Erwartungsvoll besuchten wir zum ersten Mal in unserem Leben internationale Tagungen und trafen dort Christen aus den Völkern, die zuvor unsere Todfeinde gewesen waren. In den Kriegsjahren hatten wir uns gegenseitig beschossen, ausgebombt, Unzählige umgebracht und vertrieben; doch jetzt gaben wir uns die Hand, baten einander um Verzeihung und merkten erschüttert: Wir sind Geschwister, Kinder desselben Vaters, Nachfolger von Jesus Christus. Damals ein zutiefst bewegendes Erlebnis! Es kam bei vielen Gelegenheiten zu erstaunlichen Veränderungen in menschlichen Beziehungen: Familien versöhnten sich, zerstrittene Gruppen innerhalb der Gesellschaft konnten sich einigen, frühere Feinde schlossen Freundschaft. Und wir schworen: »Nie mehr Krieg!«

Auf einer internationalen christlichen Konferenz in Caux-sur-Montreux stellten wir außerdem fest: Eines mussten wir alle gemeinsam lernen: Stille Zeit halten. Wir lasen den vorgegebenen Bibeltext, hörten auf Gottes Reden und schrieben die Gedanken in unser »Stille-Zeit-Büchlein«. Ein solches Stille-Tagebuch ist unentbehrlich, damit die geschenkten Schätze nicht verloren gehen. Danach tauschten wir uns in der Gruppe oder zu zweit aus. Dabei prägte uns der Leiter Frank Buchmann, Gründer der Oxford-Bewegung, unvergesslich ein:

»Wenn der Mensch horcht, redet Gott;
wenn der Mensch gehorcht, handelt Gott!«

Es geht nicht darum, dass wir Gott Ideen eingeben, sondern darum, dass er uns seine Pläne mitteilen kann. Was unsere Welt wohl am meisten braucht, ist eine Unterweisung in der Kunst, auf Gott zu hören. Gottes Stimme im Stimmengewirr unserer Zeit zu vernehmen, ist für jeden lebensnotwendig. Aber Achtung! Was wir »Gottes Führung« oder die »Stimme des Heiligen Geistes« nennen, ist manchmal eine bunte Mischung aus dem, was Gott sagt, und unseren Traditionen, unseren Neigungen, Wünschen und den Einsichten, die wir meinen, aus der Bibel gewonnen zu haben. Deshalb fügte Frank Buchmann noch eine Warnung hinzu: »Die Gedanken, die uns in der Stillen Zeit kommen, müssen geprüft werden, damit wir herausfinden können, welche wirklich von Gott sind!« Er schlug uns zwei Stufen der Prüfung vor: Einmal sollte man in der Bibel, vor allem im Leben von Jesus Christus, forschen und seine Botschaft beherzigen, indem man völlige Ehrlichkeit, Reinheit, Selbstlosigkeit und Liebe als Maßstab nimmt. Die andere Prüfung sollte durch erfahrene Christen geschehen, die gelernt haben, auf Gott zu hören. Man kann sich nämlich täuschen und seine persönlichen Wünsche als Gottes Führung ausgeben oder sogar auf die Schlange hören und auf ihre Lügen hereinfallen! Deshalb meinen manche, dass Gott nur damals in den biblischen Offenbarungen seines Wortes gesprochen habe und heutzutage nicht mehr so direkt persönlich rede.

Ich glaube, es geht heute vor allem darum, Gottes Wort für alle verständlich so weiterzugeben, dass Gott Menschen persönlich ansprechen kann. Manchmal sagte man mir: »Obwohl Sie mein Problem nicht kennen, habe ich heute durch den Bibeltext und Ihre Auslegung eine Antwort von Gott erhalten!« Ich bin überzeugt: Gott redet heute noch durch sein Wort. Die Frage ist: Hören wir hin? Oder hören wir lieber weg?

Besonders wichtig ist mir, dass wir dem Wort Gottes, wie es in der Bibel geschrieben steht, keine zusätzlichen Sonderlehren hinzufügen und dann auch noch behaupten, Gott habe sie uns eingegeben! Jesus genügt! Er allein ist der Weg, die Wahrheit und das Leben.

Mit diesem Buch möchte ich meine Leserinnen und Leser dafür sensibilisieren, möglichst täglich auf Gottes vielfältiges Reden zu achten, aber auch ehrlich zu prüfen, ob wir richtig hingehört haben. Er spricht vor allem durch sein Wort, aber er redet auch durch Umstände, Begegnungen, Erlebnisse, Offenbarungen, unser Gewissen und vieles mehr. Deshalb die inneren Ohren spitzen und hinhören! Dann soll dem Horchen das Gehorchen folgen.

Die angemessene Haltung des Menschen gegenüber Gott ist, demütig zu hören und nicht nur auf ihn einzureden. Selbstverständlich freut er sich väterlich, wenn wir ihn viel bitten, aber es verlangt ihn sehr danach, auch mit uns im Gespräch zu sein, denn er hat uns so viel zu sagen. Bis heute wundere ich mich, dass er sich nicht mit den sündlosen Engeln begnügt, sondern den dauernden Schmerz über seine egoistischen und eigenwilligen Menschenkinder auf sich nimmt und trotzdem liebend die Verbindung mit jedem von uns sucht.

»Jeder Mensch ist Gott wichtig!«, sagt Pastor Ulrich Parzany, der bekannte Evangelist von ProChrist. »Keiner ist ausgenommen. Es lebt keiner auf dieser Erde, den Gott nicht liebt.« Deshalb möchte er mit jedem von uns in herzlichem Kontakt sein, wenn wir dazu bereit sind. Obwohl kein Mensch perfekt ist, ist trotzdem jeder Einzelne von Gott gewollt, geliebt und angesprochen, als gäbe es nur ihn auf dieser Erde.

Am meisten können wir im Neuen Testament von Jesus selbst lernen, wie er ununterbrochen auf seinen Vater gehört hat und ihm bis in den Tod gehorchte. Aber auch biblische Personen wie z.B. der Diakon Philippus (siehe Apostelgeschichte 8) hörten die Weisung Gottes und gehorchten prompt, obwohl sie ihnen wahrscheinlich zuerst sinnlos vorkam. Jesus Christus erschien dem Christenverfolger Saulus und berief ihn unmissverständlich zu seinem Botschafter – zeitlebens war er dieser Berufung trotz Widerständen treu (siehe Apostelgeschichte 9). Auch der Heide Kornelius und der Apostel Petrus hörten, was Gott ihnen mitteilen wollte, und handelten sofort danach (siehe Apostelgeschichte 10).

Diese und die anderen frühen Nachfolger Jesu gaben acht, dass sie nicht ihre eigenen Pläne als die Gottes ausgaben. Die Apostel versuchten nicht, die Sache Jesu mit ihren eigenen Mitteln und Interpretationen, auch nicht mit ihrer eigenen Kraft anzugehen, sondern sie gehorchten vertrauensvoll. Das war sicher nicht leicht, denn Gottes Weisungen werden meistens nur Stück für Stück gegeben, Schritt für Schritt, so wie es gerade für uns Menschen notwendig ist.

Genau das erleben wir auch heute, und davon berichte ich in den folgenden Texten. Immer wieder bin ich Christen begegnet, die betend auf Gottes Weisungen hörten und ihm vertrauend gehorchten. Sie erfuhren Lebenshilfe, Befreiung und ganz konkrete Fingerzeige Gottes. Das hat mich sehr bewegt. Darum habe ich solche Erlebnisse als Vorbild für andere, aber auch für mich aufgeschrieben.

Nach jedem Kapitel finden Sie kurze Impulse zum persönlichen Nachdenken oder für ein Gruppengespräch. So bekommen Leiter/innen Themen, Beispiele und Material an die Hand, wenn ihnen einmal eigene Ideen fehlen sollten. Dadurch kann die Gemeindearbeit gefördert werden und auch geistliche Frucht wachsen.

Ich wünsche dazu von Herzen Gottes Segen!

Hannelore Risch

KAPITEL 1

Eine rundum erneuerte Ehe

Erschrocken öffne ich den Brief von meiner Freundin Anne mit dem Absender »Pfalzklinik«. »O Schreck! Ist sie wieder in der Psychiatrie?«, denke ich. Tatsächlich: Wegen Panikattacken mit Todesängsten, Depression und schweren Schlafstörungen wurde sie dort eingewiesen. Es wird mir sogar erlaubt, sie zu besuchen. In ihrem sonnigen Einzelzimmer mit Blick auf den Pfälzer Wald haben wir beide ein freundschaftliches Gespräch. Anne klagt mir zutiefst verzweifelt:

»Ich leide an einem gebrochenen Herzen, weil Paul, mein Mann, mich zutiefst ablehnt. Sogar mein Sohn und meine Schwiegertochter haben mich oft grundlos angegriffen und mich vor den Enkeln wie ein ungehorsames Kind behandelt. Doch Paul, der mein Beschützer sein sollte, hat sich immer auf ihre Seite gestellt. Auch wenn in unserer Kirchengemeinde jemand eine leise Kritik gegen mich geäußert hat, verstärkte er diese noch, um mich bewusst zu verletzen. Das tut weh! Nur einige verständnisvolle Worte von Paul wären für mich heilende Medizin! Wie vermisse ich sie!

Weißt du, Hannelore, von meinen Lieben abgelehnt zu werden, macht mich krank. Schon in der Kindheit habe ich unter Ablehnung von meiner Mutter gelitten. Dadurch bin ich leider kein robuster Typ geworden, der sich abschirmen kann, sondern bin zu feinfühlig, auch oft verunsichert und sehr verletzbar. Ach, wenn ich nur eine Elefantenhaut hätte! Doch als Ehefrau seit Jahren vom eigenen Mann im Bett verschmäht zu werden, kränkt mich zutiefst. Klar – Sex ist nicht das Wichtigste; aber Zärtlichkeit und Intimität haben bekanntlich positive Auswirkungen auf das Wohlbefinden und die innere Harmonie. Doch unsere Zärtlichkeit ist tot und die Liebe erkaltet – nicht einmal ein Küsschen am Morgen und am Abend! Was haben wir noch gemeinsam? Unsere Ehe ist eigentlich nur noch eine Zweckgemeinschaft unter einem Dach. Die Todeskrankheit unserer Ehe ist jedoch, dass wir über unsere Gefühle nicht sprechen können. Entweder schweigen wir uns an – schlimm! – oder sprechen nur über Belangloses und geraten sogar in Streit. Aber unsere innersten Gedanken und Sehnsüchte bleiben stumm.

Weißt du, Hannelore, gerade die, welche ich liebe, haben mein Herz tief verwundet. So lag ich daheim wochenlang wie ein Häufchen Elend im Bett, hatte keine Kraft mehr, den Haushalt zu führen, war einsam und verzweifelt. Allerdings brachte Paul mir, bevor er zur Arbeit ging, ein Marmeladenbrot, das ich kaum anrührte, weil ich keinen Appetit hatte. Er fragte jedoch niemals einfühlsam, wie es mir gehe, sondern war stets mit sich selbst beschäftigt. Eine solche depressive und unansehnliche Frau war ihm nur lästig. Er schaute lieber weg. Wenn ich einmal etwas sagte, reagierte er genervt, und ich schluckte seine Vorwürfe hinunter, was mir gar nicht gut bekommen ist. So fühlte ich mich ungeliebt und restlos überflüssig. Was sollte ich noch auf dieser Welt? Ich war so hoffnungslos, dass ich sogar daran dachte, mir das Leben zu nehmen. Regungslos lag ich mit geschlossenen Augen in meinem Bett und hatte nur noch den Wunsch, tot zu sein …«

Lange höre ich betend zu und leide innerlich mit, weil ich meine Freundin liebe und hoch schätze. Es tut mir so weh, dass diese schöne und vielseitig begabte Frau jetzt nur noch wie ein zertretener Wurm ist. Da fällt mir wie ein Lichtstrahl von oben ein Trostwort ein: »Der Herr ist nahe denen, die zerbrochenen Herzens sind, und hilft denen, die ein zerschlagenes Gemüt haben« (Psalm 34,19).

Ich frage vorsichtig: »Hast du in deiner Verlassenheit auch mal gemerkt, dass Jesus dir nahe ist?«

»Ja, sonst wäre ich längst tot!«, antwortet sie.

Da werde ich zuversichtlich: »Er ist in diese Welt gekommen, um zerbrochene Herzen zu heilen – auch deins! Sollen wir dafür beten?«

Anne nickt.

Ich bitte leise den Heiligen Geist um Leitung und frage zögernd: »Willst du dich um Jesu willen bemühen, deinem Mann, deinem Sohn und deiner Schwiegertochter, und auch deiner Mutter zu vergeben?«

Dann nach einer Pause: »Ja, ich will!«, ist ihre Antwort.

Ich weiß, dass Vergeben ein Willensakt ist und sich die entsprechenden Gefühle nicht immer gleich einstellen. So frage ich weiter: »Willst du auch Gott um Vergebung bitten?«

Nach einer langen Stille betet Anne stockend und mit Pausen: »Mein Gott, vergib mir alle Bitterkeit, mein jahrelanges Nachtragen, mein Selbstmitleid, und meine Überempfindlichkeit und die Suizidgedanken – vergib mir meinen inneren Rückzug und meine Herzenskälte, auch meine Rebellion und allen Groll …«

Bewegt sage ich: »Es ist alles vergeben! Restlos vergeben, weil Jesus am Kreuz alle Schuld bezahlt hat! Gott denkt nicht mehr daran! Es ist so, als wäre es nie geschehen!« Dann bitte ich Jesus, dass er ihr gebrochenes Herz berühre, und weiß zugleich, er tut es: »Jesus, unser Heiland, heilt deine Wunden aus deiner Kindheit und Jugendzeit; er heilt dein gebrochenes Frauen- und Mutterherz. Was er heute begonnen hat, das vollendet er in einem beglückenden Heilungsprozess! Amen.« Tränen der Dankbarkeit fließen bei uns beiden.

Bei meinem nächsten Besuch in der Klinik höre ich, dass Paul seine Frau besucht und auch mit den Ärzten gesprochen hat. Anne erzählt mir: »Daraufhin hat mich meine Therapeutin, die meine ganze Lebensgeschichte kennt, gefragt: ›Haben Sie schon einmal an Scheidung gedacht oder hat Ihr Mann je eine solche Möglichkeit erwähnt?‹ Ich verneinte und fügte hinzu: ›Ich habe aber eine zeitliche Trennung erwogen.‹ Dann meinte sie: ›Entweder müssen Sie lernen, allein zu leben, oder sich innerhalb Ihrer Ehe mit dem Alleinsein abfinden; denn Sie können Ihren Mann in seinem verschlossenen Wesen leider nicht verändern. Das kann nur Gott. In meinen Augen haben Sie eine menschlich aussichtslose Ehesituation.‹ Weil ich mittlerweile wieder neue Kräfte hatte, konnte ich ihr antworten: ›Ich will mit Gottes Hilfe lernen, nicht mehr so empfindlich zu reagieren, und zu allem einen gewissen Abstand einhalten, um meine Gefühle und meine Seele zu schützen.‹

Was wir beide nicht wussten, war, dass genau in dieser Zeit Gott ernsthaft mit Paul redete. Später erzählte er mir mit knappen Worten: ›In dieser Notsituation habe ich vor Gott gründlich über unsere Ehe nachgedacht. Da hatte ich den Eindruck, er sagte: ›Paul, Änderung ist notwendig!‹ Das hat mich getroffen.

›Wie bitte? Ich soll mich ändern? Was kann ich dafür, wenn Anne so überempfindlich ist, dass sie krank wird? Bin ich vielleicht daran schuld?‹

Wieder hörte ich: ›Änderung ist notwendig!‹ Und zum dritten Mal: ›Änderung, Paul!‹

Da gab ich ihm recht: ›Ja, Herr! Hilf mir, mich von Grund auf zu ändern!‹

Stell dir vor, Hannelore, als Paul mich bald danach besuchte, merkte ich sofort, dass etwas in ihm arbeitete. Ich berichtete ihm von Gesprächen mit der Therapeutin und dem Arzt, und dass sie unsere Ehesituation für aussichtslos erklärt hatten. Paul war darüber tief erschüttert. Er bekam Tränen in die Augen und versprach mir hoch und heilig, dass alles anders werden würde. Er sagte sogar: ›Du tust mir so leid in deiner schweren Krankheit! Es darf niemals wieder so weit kommen, dass du so leiden musst!‹ Das waren für meine verwundete Seele heilsame Worte. Ich ahne, dass Gottes Kinder manchmal leiden müssen, damit er bei anderen Menschen für seine Führung den Weg ebnen kann. Jesus hat mit seinem Leiden und Sterben genau das Gleiche für jeden von uns getan.«

Ergriffen höre ich zu und staune, wie liebevoll väterlich Gott diese Eheleute einander wieder näherbringt. Gespannt frage ich: »Habt ihr euch dann gründlich ausgesprochen?«

»Ja, wir haben uns über einige Fragen ausgetauscht, die ich mir vorher überlegt und aufgeschrieben hatte. Ich lese sie dir vor:

☼ Was hat dir damals, als wir uns kennenlernten, an mir besonders gefallen?
☼ Welche Hoffnungen haben sich für dich in unserer Ehe erfüllt? Welche nicht?
☼ Was schätze ich heute noch an dir?
☼ Was kann ich nicht mehr länger aushalten?
☼ Wie wollen wir unsere Unterschiedlichkeit bewusst anerkennen?

Tja, dieses Zwiegespräch war für uns beide sehr aufschlussreich, und wir lernten neue Seiten an uns kennen. Ich erkannte auch, dass Paul an meiner so ganz anderen Art und meiner Sensibilität leidet. Dann baten wir uns gegenseitig um Vergebung und umarmten uns lange und herzlich.«

»Ende gut, alles gut?«, frage ich erfreut.

»Nein«, meint Anne, »es ist erst ein schwacher Anfang. Ob wir durchhalten? Ich brauche einen starken Glauben gegen Zweifel und Ängste!«

Nach drei Monaten Klinikaufenthalt wird Anne einigermaßen gesund und mit guten Ratschlägen für den Ehealltag entlassen. Klugerweise wählt das Paar für die ersten gemeinsamen Wochen einen Urlaub in der schönen Draustadt Villach am Ossiacher See in Südkärnten. Als sie wieder zurück sind, erreicht mich ein erfreulicher Telefonanruf: »Hannelore, unsere Ehe ist rundum erneuert!«

»Was? Das muss ich sehen! Darf ich euch besuchen?«

Erst drei Monate später beziehe ich für einige Tage das Gästezimmer in ihrem schmucken Reihenhaus. Da erlebe ich mit, wie das Ehepaar gemeinsam ausführlich frühstückt, denn Paul ist inzwischen Frührentner geworden. Anne hat uns einen reichhaltigen Frühstückstisch gedeckt, auf dem nichts fehlt. Sie zündet lächelnd noch eine besondere Kerze an. Paul spricht ein kurzes Morgengebet und erbittet für die ganze Familie, besonders für die erneuerte Ehe, Gottes Segen. Ich sehe mit eigenen Augen: Hier hat sich Entscheidendes geändert! Nach dem Frühstück liest er uns eine Seite aus einem Andachtsbuch vor. Anne schlägt dabei die erwähnten Bibelstellen auf, zitiert sie und spricht am Schluss ein freies Gebet. Die Atmosphäre ist herzlich und friedlich. Ich merke, es ist kein frommes Theater, weil ich zu Besuch bin, sondern das alltägliche Morgenritual.

»Und wie beschließt ihr den Abend?«, frage ich.

Paul antwortet: »Ich sehe und höre gern in Bibel TV die faszinierende Predigerin Joyce Meyer. Auch Anne ist von ihr begeistert.«

»Meine Hochachtung, wie wunderbar ihr beide euch verändert habt!«, sage ich anerkennend und mache eine kleine Verbeugung.

Etwas später erzählt mir Anne in ihrem Zimmer so anschaulich von dem Urlaub in Kärnten, dass ich es wie im Film vor mir sehe: Die beiden liegen nebeneinander in Liegestühlen mit Blick auf den Ossiacher See und genießen nach all den schweren Erlebnissen ihre Erholung. Annes Therapeutin hat ihr zwei Bücher empfohlen, die sie sich nun gegenseitig vorlesen. Das erste hat den Titel: *Die Wahrheit beginnt zu zweit – das Paar im Gespräch*. Nach jedem Abschnitt sprechen sie offen ihre innersten Gedanken aus – häufig ein Aha-Erlebnis für beide. Die frühere Sprachlosigkeit ihrer Ehe ist nun überwunden. Dann liegen sie wieder still nebeneinander und betrachten die herrliche Landschaft oder wandern am See entlang. Im anderen Buch, das sie sich auch gegenseitig vorlesen, schreibt der deutsche Autor

Jan Weiler humorvolle Geschichten über seine italienische Sippe. Zum Totlachen! In Erinnerung kichert Anne beim Erzählen: »Wir lachten Tränen wie kleine Kinder! Es war einfach herrlich, wieder gemeinsam lauthals lachen zu können!«

Die beiden planen auch ihr zukünftiges Miteinander und beschließen: Jeder Mittwoch soll von nun an unser »Ehetag« sein. Ihn wollen wir besonders gestalten. Vor allem wollen wir uns füreinander Zeit nehmen und Gespräche miteinander führen.

Ich staune und frage: »Und worüber?« Als Antwort blättert mir Anne sieben Kärtchen auf den Tisch. Auf ihnen steht:

Womit habe ich dich in den letzten Wochen enttäuscht?	*Gibt es Konfliktbereiche, die wir entschärfen sollten?*
Wobei fühlst du dich von mir vereinnahmt – oder zurückgesetzt?	*Welche Wünsche hast du?*
Was ist gerade deine größte Sorge?	*Womit habe ich dir in den letzten Wochen eine Freude gemacht?*
Empfindest du zurzeit einen Mangel? Welchen?	

Im Bad meiner Gastgeber entdecke ich an der Wand zwei selbstgebastelte »Eheuhren« mit je nur einem Zeiger. Statt Zahlen sind jedoch kurze Wünsche aufgeschrieben.

Auf der ersten Uhr steht ganz oben: Lass uns heute doch mal wieder …

… ein Spiel spielen / ins Kino gehen / nett ausgehen / einen Kaffee trinken / zusammen kochen / ein bisschen plaudern / Musik hören / Essen gehen / einen Ausflug machen / kuscheln / die Kinder besuchen / jemanden zum Frühstück einladen.

Auf der zweiten Uhr lese ich als Überschrift: Ich wünsche mir heute von dir …

… ein nettes Kompliment / ein Abendessen zu zweit / ein Lächeln / ein Blümchen / eine kleine Überraschung / ein kurzes Gedicht / ein Küsschen / einmal Rückenkraulen / ein paar Streicheleinheiten / dass du mir zuhörst / einen gemeinsamen Spaziergang / ein gemeinsames Lied.

Schelmisch stelle ich den Zeiger auf »ein nettes Kompliment« und bin gespannt, ob es bei einem der beiden ankommt. Befriedigt höre ich am nächsten Morgen, wie Paul sagt: »Anne, dieser Frühstückstisch ist wieder genial!«

Als wir Freundinnen unter uns sind, frage ich: »Was habt ihr noch alles in Villach erlebt?«

Anne antwortet strahlend: »Unvergessliches! Eines Morgens hatte ich plötzlich einen Gedanken, so klar und deutlich, dass ich ihn von Gott eingegeben glaubte; denn vorher hätte ich an solch eine absurde Idee niemals gedacht. Ich lachte meinen Mann an: ›Paule, ich habe den Eindruck, Jesus möchte, dass wir unsere alten Eheringe in Zahlung geben und uns neue kaufen. Dann könnten wir hier in eine der Kirchen gehen und uns ein neues Eheversprechen vor dem Altar geben.‹ Über diesen Gedanken waren wir beide so überrascht, dass wir zunächst nur fröhlich lachen konnten. Ich hatte übrigens meinen Ring verloren und trug den abgelegten meiner Mutter, der gar nicht zu Pauls Ring passte. Eine Stunde später standen wir beim

Juwelier und gaben unsere ungleichen Ringe für 58 Euro in Zahlung. Wir wählten zwei schöne, schlichte, goldene Eheringe. Wir sollten sie zwei Tage später morgens abholen.

Nun hatten wir Zeit, unseren neuen Hochzeitstag zu planen. Bei einer gemütlichen Tasse Cappuccino schrieben wir uns gegenseitig auf, wie jeder sich den Ablauf dieses besonderen Tages vorstellte und tauschten dann unsere Zettel aus. Danach überlegten wir: ›Wie könnten wir diesen zweiten Hochzeitstag nennen?‹ Da fiel mir ein: We-Vi-Tag! Dieser Name sollte uns an unsere Hochzeit in *We*mmetsweiler und an die Erneuerung unserer Ehe in *Vi*llach erinnern. So baten wir den Juwelier, »We-Vi-Tag« mit beiden Hochzeitsdaten in unsere Ringe einzugravieren.

Als wir zwei Tage später festlich angezogen wie ein glückliches Brautpaar das weiße Kästchen mit den neuen Eheringen überreicht bekamen, umarmten wir uns vor Freude. Darauf gingen wir in die Hauptpfarrkirche, die uns durch ihren hohen Kirchturm aufgefallen war. Zu unserem Erstaunen begann gerade ein feierlicher Gottesdienst. Da fiel uns endlich ein, dass ja Pfingsten war! Wir setzten uns hinten in eine Bank und feierten mit den österreichischen Christen den Geburtstag der christlichen Kirche.

Gott hatte uns diese riesengroße Überraschung geschenkt; denn vor genau 43 Jahren hatten wir uns am Pfingstsonntag in der katholischen Kirche in Wemmetsweiler im Saarland trauen lassen. Überglücklich schauten wir uns an und drückten uns gegenseitig die Hände. Nach dem Festgottesdienst gingen wir wie ein Brautpaar Arm in Arm nach vorne. Ehrfürchtig blieben wir vor dem Altar stehen, steckten uns einander die neuen Ringe an und versprachen feierlich im Angesicht Gottes, dass wir eine erneuerte und von ihm geleitete Ehe führen wollen, bis der Tod uns scheidet. Danach segneten wir uns gegenseitig und gaben uns einen Hochzeitskuss. Ergriffen und etwas feierlich schritten wir wieder Arm in Arm aus der Kirche.

Dann saßen wir in einem urigen Kärntener Weinlokal auf der Terrasse an einem kleinen runden Tisch und tranken Erdbeersekt mit Eis. Anschließend wanderten wir glücklich Hand in Hand am See entlang zu einem gemütlichen Speiselokal und ließen uns ein festliches Menü schmecken. Mit Kerzenlicht und Hochzeitssekt beschlossen wir am Abend diesen unvergesslichen We-Vi-Tag«, erzählt mir Anne mit innigem Lächeln. Ich kann nur staunen, was für eine Veränderung Gott hier geschaffen hat.

Beim Frühstück vor meiner Abreise frage ich scherzend: »Und nun habt ihr wohl keine Ehekrisen mehr?« Da brechen die beiden in lautes Gelächter aus. Paul bekennt: »Gibt es auf dieser Erde überhaupt eine Ehe ohne Krach und Krisen? Ehrlich gesagt: Wir haben manche Meinungsverschiedenheiten, Missverständnisse und leider auch mal Streit. Aber – wir gehen jetzt ganz anders damit um! Wir reden nämlich darüber! Und bitten, wenn nötig, einander um Verzeihung und versöhnen uns sogleich. Das ist der himmelgroße Unterschied! Weil wir leider vergessliche Leute sind, haben wir uns einige Erinnerungshilfen gemacht: Wenn irgend möglich gestalten wir treu jeden Mittwoch als unseren besonderen Ehetag. Auch werden wir in Zukunft wohl jedes Jahr an Pfingsten nach Villach reisen und unseren We-Vi-Ttag dort feiern! Und wenn wir gemütlich im Wohnzimmer sind, lassen wir in einem digitalen Fotorahmen die schönsten Ehefotos und Ferienbilder laufen.« Anne fügt hinzu: »Und ich zünde zur Erinnerung jeden Morgen auf dem Frühstückstisch unsere ›We-Vi-Kerze‹ an!«

Ich kann nur staunen, was Gott aus dieser früher so hoffnungslos unglücklichen Ehe gemacht hat und dass die beiden nun konsequent den eingeschlagenen Weg miteinander weitergehen. Gott hat zu ihnen auf vielerlei Weise gesprochen – durch Bibelverse, andere Menschen, durch neue Ideen und ganz unmittelbar. Sie haben auf ihn gehört und ihm gehorcht. Mit Gottes Hilfe überwinden sie Hindernisse. Welch eine Ermutigung für krisengeschüttelte Ehen!

Impulse zum Nachdenken und für Gruppengespräche

1. *Die sieben Fragen auf S. 15 kopieren, ausschneiden und einzeln aufkleben, auch die beiden »Eheuhren« nachbasteln, sie ausprobieren oder an Paare verschenken.*

2. *Bibelverse zum Nachdenken:*
   Psalm 34,19; Psalm 147,3; 1. Petrus 2,24.

3. *Frage: Auf welche Arten hat Gott schon zu Ihnen gesprochen?*

Probleme gehören nicht unter den Teppich
gekehrt, sondern vor Gott ausgebreitet.

Peter Hahne

Wer Groll hegt, gleicht jemandem, der Gift trinkt
und hofft, dass der andere daran zugrunde geht.

Volksweisheit

KAPITEL 2

Töchterliche Fürsorge

Seitdem ich umgezogen bin, wohnen meine Freundin Marie und ich nicht mehr im gleichen Ort. Weil wir uns leider nur selten persönlich sehen können, telefonieren wir öfters miteinander. Eines unserer Gesprächsthemen war Maries alte Mutter.

Ich frage: »Marie, wie geht es deiner Mutter?«

Marie antwortet: »Du weißt ja, Hanne, dass meine 93-jährige Mutter allein in ihrem Haus wohnt. Mit meiner Hilfe kann sie sich noch selber versorgen. Weil meine Geschwister weiter entfernt leben, ist es selbstverständlich für mich, dass ich unsere Mutter fast täglich mit dem Fahrrad oder zu Fuß besuche. Auch bin ich jetzt nicht mehr berufstätig und kann mir meine Zeit gut selbst einteilen. Unterwegs kaufe ich noch für Mutter ein oder bringe ihr irgendeine Kleinigkeit mit. Ihre Freude, wenn sie mich sieht, ist mein Lohn. Schließlich hat sie in schwerer Zeit und mit wenig Geld vier Kinder großgezogen und auf vieles verzichtet, was für uns heute selbstverständlich ist – zum Beispiel im Ausland Urlaub zu machen, was ich so liebe. Nun soll sie im Alter etwas an Fürsorge von mir zurückbekommen. Außerdem heißt es ja klipp und klar in der Bibel: Du sollst Vater und Mutter ehren! Damit ist wohl besonders gemeint, dass die Kinder ihre alten Eltern liebevoll im Alter umsorgen.«

Ich: »Da hast du recht, Marie! Deshalb segnet dich Gott so wunderbar und schenkt dir innere Harmonie, Freude und eine wohltuende Ausstrahlung! Dafür bin ich Zeugin. Es ist auch bekannt, dass ihr in eurer Verwandtschaft untereinander ein harmonisches Verhältnis habt! Das ist wohl auch ein Segen für deine Tochterliebe! Und du sprichst immer so positiv von deiner Mutter! Sag mal, hat sie denn keine Erziehungsfehler gemacht?«

Marie: »Oh, viele! Mit dem Holzteil des Handfegers hat sie uns auf den Po geschlagen! Es gibt halt keine perfekte Erziehung! Ich selbst machte da ganz andere Fehler als unsere Mutter. So habe ich früher bei unseren Töchtern oft falsch und nervös reagiert, habe mir zu wenig Zeit für sie genommen und hätte viel mehr auf sie eingehen sollen. Das tut mir aufrichtig leid. Ja, ich brauche Gottes Vergebung und auch die Vergebung meiner Kinder! Heute, wo ich reifer bin, würde ich vieles anders machen. Deswegen trage ich meiner Mutter und auch meinem Vater absolut nichts nach. Ich bin nämlich keinesfalls besser als sie! Sie handelten nach bestem Wissen und Gewissen, wohl weil sie selber so ähnlich in ihrer Jugend erzogen worden sind.«

Ich: »Das finde ich wirklich sehr weise von dir! So reden nur reife und erfahrene Kinder! Unreife Menschen geben ihrer Mutter die Schuld, wenn ihr eigenes Leben nicht so gelingt, wie sie es gern hätten. Die Mütter sind dann stets der Sündenbock, aber sie selber entziehen sich der Verantwortung. Das ist leider heute so üblich. Aber erzähle mir bitte noch, worüber du mit deiner alten Mutter redest!«

Marie: »Das ist leider zurzeit ein großes Problem. Ich frage unsere Mutter dies und jenes und erhalte hie und da auch spärliche Antworten. Dann erzähle ich ihr von unserer Familie und großen Verwandtschaft, bezweifle aber, ob sie wegen ihres hohen Alters noch alles aufnehmen kann. Sie hört zwar zu, reagiert aber kaum. Trotzdem macht sie einen zufriedenen Eindruck. Vor allem möchte ich sie so gern auf das Sterben vorbereiten. Schließlich hat sie uns Kinder beten und glauben gelehrt, denn sie ist eine gläubige Christin und treue Beterin. Und jetzt denke ich, es ist nun meine Aufgabe, sie auf den Himmel einzustimmen. So singe ich mit ihr bekannte Lieder aus dem Gesangbuch, wobei sie leise mitsingt oder wenigstens den Mund bewegt. Dann erzähle ich ihr, was die Bibel über den Himmel und das Leben bei Gott sagt. Fleißig habe ich solche Bibelstellen gelb markiert und erkläre sie ihr, so gut ich kann. Auch habe ich mir Literatur über Nahtod-Erlebnisse besorgt, z.B. *90 Minuten im Himmel* und *So real ist der Himmel*.«

Ich: »Ich bin ja tief beeindruckt, Marie! Sag mal, was hast du deiner Mutter über das ewige Leben erzählt?«

Marie: »Tja – das ist wirklich nicht so einfach, weil einem da die Worte fehlen! Ich habe etwa gesagt: ›Mutter, im Himmel gibt es nur himmelhoch jauchzende Freude! Keine Tränen und keine Ursache mehr zum Weinen! Ist das nicht wunderbar? Wenn Gott selbst uns väterlich die Tränen abwischt, dann sind sie ein für alle Mal getrocknet. Du wirst da auch eine unbeschreibliche Wiedersehensfreude erleben, weil du alle deine Lieben triffst, die vor dir im Glauben an Jesus gestorben sind. Vielleicht werden sie dir als strahlendes Empfangskomitee entgegengeschickt. Du wirst ein überirdisches Glücksgefühl erleben und geliebt sein wie nie zuvor. Freue dich darauf!

Vor allem gibt es im Himmel keinen Tod mehr. Das schmerzliche Sterben und Abschiednehmen hat dann ein Ende. Trauer und Einsamkeit sind für immer vorbei. Herrlich! Dort gibt es auch kein Leid mehr und all das, was Leid verursacht wie Katastrophen, Unfälle, Krankheiten und Gebrechen. Nichts Böses mehr mit all seinen schrecklichen Auswirkungen! Gott sei Dank! Darum hört man im Himmel kein Geschrei mehr wegen Qual, Misshandlung, Terror und Gewalt. Stell dir vor, Mutter, auch kein Altwerden und keine Schmerzen gibt es dort – weder körperliche noch seelische. Was hier so brüchig und kaputt ist, ist dort zu hundert Prozent vollkommen. Wunderbar! Vor allem ist im Himmel keine Sünde mehr vorhanden: Es gibt keinen Neid, keine Lieblosigkeiten, keine Verbrechen, keine Gefängnisse, keine Waffen und Kriege! Wir werden Jesus ewig danken, dass er die Sünde abgeschafft hat und den Satan und den Tod besiegt hat. Halleluja! Das Alte ist vergangen und vergessen und restlos vorbei!‹«

Ich: »Marie, ich bin tief bewegt! Ja, so ist es: ›Was kein Auge je gesehen hat, was kein Ohr je gehört hat, was kein Mensch sich in seiner kühnsten Fantasie ausdenken kann, das hat Gott denen bereitet, die ihn lieben!‹« (vgl. 1. Korinther 2,9).

Bei einem späteren Telefonat, als ihre Mutter schon verstorben ist, frage ich meine Freundin: »Hat deine Mutter eigentlich noch aufnehmen können, was du ihr über den Himmel gesagt hast?«

Marie: »Ich weiß es nicht. Vielleicht war es schon zu spät. Ich hätte viel früher mit ihr über Glaubensdinge reden sollen. Leider, leider hatte ich da eine unnötige Scheu. Ich habe aber treu gebetet: ›Vater im Himmel, mach es gnädig mit ihrem Ende!‹ Die letzten sechs Monate mussten wir sie, wie du weißt, in das hiesige Pflegeheim geben, weil wir sie daheim nicht mehr gut betreuen konnten. Auch dort besuchte ich sie fast täglich, streichelte sie und hielt ihre Hand. Wenn sie unruhig war, sagte ich: ›Mutter, hab keine Angst! Alles wird vollkommen gut; dafür ist Jesus am Kreuz gestorben – auch für dich!‹ Beim Abschied betete ich immer möglichst laut und langsam den 23. Psalm, das Vaterunser und segnete sie. Ich meine, das hat sie wohl noch mitbekommen, denn sie bewegte dabei ihre Lippen und nickte ein wenig. Auch feierten wir als Familie mit ihr das Heilige Abendmahl und küssten sie zum Abschied. Was hätte sie noch gern ihren Kindern, Schwiegerkindern und Enkeln als Vermächtnis mitgegeben? Sie schaute uns alle nacheinander mit großen Augen an und öffnete den Mund, als wolle sie noch etwas sagen. Wir können es nur ahnen und erinnern uns, was sie früher mehrmals zu uns gesagt hat: ›Bleibt einig, ihr Kinder! Geht Gottes Wege! Und vergebt einander! Verzeiht auch mir um Jesu willen, was ich verkehrt gemacht habe!‹«

Ich: »Was für ein Vermächtnis! Das ist sicher unvergesslich für euch! Und wie ist eure Mutter dann gestorben?«

Marie: »Gott hat meine Gebete erhört: Sie bekam einen Schlaganfall, lag nur eine Woche meist bewusstlos im Bett und ist dann ganz still eingeschlafen. Als wir sie tot vor uns liegen sahen, hat es mich doch sehr getroffen, obwohl ich mich seit Monaten darauf eingestellt hatte. Ich empfand einen tiefen Schmerz: Nun ist niemand mehr da, der ›Kind‹ zu mir sagt! Sie, die mich mit Schmerzen geboren, auch in schwierigen Zeiten und bis heute geliebt hat, ist jetzt tot. Sie spricht kein Wort mehr, schaut mich nicht mehr an, bewegt sich nicht mehr! Nur noch eine leblose Hülle! Wo ist jetzt ihr Geist? Ihre Seele? Ihre inwendige Persönlichkeit? Lebt sie staunend in Gottes Herrlichkeit – oder führt sie irgendwo nur ein trauriges Schattendasein? Ist sie vielleicht sogar ganz ausgelöscht?

Ich gestehe dir, Hanne, in meiner Trauer habe ich leider solche Zweifel bekommen. Sie haben mir Tag und Nacht zu schaffen gemacht. Ich grübelte: ›Wohnt unsere Mutter nun bei Gott, dem Vater, dem Sohn und dem Heiligen Geist? Lebt sie jetzt ganz verwandelt im himmlischen Jerusalem, wo es keine Finsternis mehr gibt? Wird sie die Hochzeit des himmlischen Bräutigams miterleben? Oder ist sie fern von dieser Glückseligkeit – verloren in der Gottesferne?‹ Ich kann es heute nicht verstehen, dass ich solche Zweifel hatte. Aber es war so!«

Mir kommen die Tränen. Bewegt frage ich meine Freundin: »Hast du darauf eine Antwort von Gott bekommen?«

Marie antwortet: »Ja! Kurze Zeit nach der Beerdigung ging ich allein zum Friedhof. Es war November, am späten Nachmittag. Alles grau in grau, der Himmel voll dunkler Wolken. Bis zum Grab meiner Mutter musste ich einen langen, geraden Weg gehen. Es war still, ganz still. Ich verweilte und dachte an Mutter. Da kam mir plötzlich ein Bibelvers in den Sinn: ›Selig sind die Toten, die in dem Herrn sterben‹ (Offenbarung 14,13). Und immer wieder der gleiche Vers. Mit diesem Bibelwort hatte ich mich vorher nie befasst. Mir waren ganz andere Verse wichtig. Und jetzt dieser Vers: ›Glückselig sind die Toten, die in dem Herrn sterben!‹ Während ich darüber nachdachte, wurde plötzlich der Himmel ganz hell. Die Wolken rissen auf und der wunderschöne Vollmond schien hell auf die Erde. Nur für eine kurze Zeit! Dann zog sich der Himmel wieder zu, und alles war wie vorher grau in grau und düster. Ich war überwältigt und hatte ganz stark den Eindruck: Dies ist ein Zeichen von Gott! Er will mir sagen: ›Mach dir keine Gedanken mehr um deine Mutter! Sie ist jetzt bei mir in der Ewigkeit!‹ Auf einmal waren alle meine Zweifel verflogen, und ich war tief getröstet. Ich habe Gott gedankt für dieses beeindruckende Erlebnis. Nun strecke ich mich noch viel mehr aus nach diesem himmlischen Ziel. Da will ich unbedingt hin – mit Jesu Hilfe!«

Ich: »Ich auch! Koste es, was es wolle! Bei den himmlischen Festen und der Hochzeit des Lammes mit der Brautgemeinde möchte ich liebend gern mitfeiern! Danke, Marie, dass du mich an deinem Erlebnis hast teilhaben lassen. Es ist mir alles sehr wertvoll. Ich finde es beeindruckend, wie du Gottes Reden auf dem Friedhof wahrgenommen hast. Ich will es aufschreiben, und wenn es dir recht ist, im neuen Buch bringen; denn es könnte für manche Leserinnen und Leser hilfreich sein.«

Impulse zum Nachdenken und für Gruppengespräche

1. Den Text in zwei Rollen langsam vorlesen.

2. Was sagt die Bibel über den Himmel? Einige dieser Bibelverse vorlesen lassen:
Siehe Offenbarung 21,3-5 und 19,7; Jesaja 33,17; Jesaja 65,17; Matthäus 25,14-15.21; 1. Johannes 2,3; 2. Petrus 3,13; Offenbarung 5,12 und 7,9-17 und 22,4.

3. Bild betrachten: Was sagt es aus?

4. Gebet
Lieber Herr Jesus, wandle uns von Grund auf,
dass allen denen wir auch gern vergeben,
die uns beleidigt, die uns Unrecht taten,
selbst sich verfehlten.

Wenn sich die Tage unsres Lebens neigen,
nimm unsren Geist, Herr, auf in deine Hände,
dass wir zuletzt von hier getröstet scheiden,
Lob auf den Lippen!

Dieter Trautwein

5. Habe ich Gottes Reden auch schon einmal in der Natur erlebt?

KAPITEL 3

Ein Opfer für Gott

Seit 42 Jahren arbeitet der aus meinem Heimatdorf Haßloch stammende Missionar Walter Hery mit seiner Frau Ilsedore bei den Kaingang-Indianern im Süden Brasiliens. Meine Eltern, unsere ganze Familie und viele Haßlocher begleiten die beiden seit Jahrzehnten mit guten Gedanken und Gebeten. So wissen wir, dass der Anfang ihrer Missionsarbeit sehr schwer war. Sie setzten sich mit Leib und Seele ein, um die Sprache der Kaingang zu erlernen und Vertrauen aufzubauen, damit die Indianer Ängste und Misstrauen überwinden und ihre Hütten für sie öffnen würden. Ihre vier Kinder wuchsen im Reservat auf und lernten im wahrsten Sinne des Wortes spielend drei Sprachen: Deutsch, Portugiesisch und die Sprache der Kaingang. Oft waren sie »kleine Türöffner«. Die Eltern schickten ihre Kinder vor. Die Indianerfamilie, die sich über diesen Besuch freute, lud dann auch die Erwachsenen in ihre Hütte ein.

Doch es dauerte acht arbeitsreiche und opfervolle Jahre, bis das erste Ehepaar kam und sagte: »Wir haben viel gehört von Jesus Christus und haben lange darüber nachgedacht. Doch heute sind wir gekommen, um Jesus in unser Leben aufzunehmen!« Sie wollten von jetzt an in einer persönlichen, vertrauensvollen Beziehung mit Jesus Christus leben. Die beiden wurden in der christlichen Lehre unterwiesen und ließen sich taufen. Ihr altes Leben mit der »Heidenangst« war vorbei, ein neues als Kinder Gottes hatte begonnen. Die bedeutendste Veränderung im Leben der Indianer war, dass sie von der Geisterfurcht befreit wurden, Gott als liebenden Vater erlebten und Jesus Christus als Herrn und Bruder annahmen. Auch spielte jetzt der Heilige Geist eine wichtige Rolle im Alltagsleben, wo sie sonst die bösen Geister ständig gefürchtet hatten.

Nach und nach kamen andere Kaingang dazu, und die erste Gemeinde wurde gegründet. Nun sind es inzwischen sechs stets wachsende Gemeinden, die von geschulten Indianern geleitet werden. So hat Gott die Gebete von vielen Christen, auch von den hiesigen in Herys Heimat, wunderbar erhört.

Walter und Ilsedore Hery und irgendwann auch Sohn Ka'eg-so halfen mit, dass die Kaingangsprache erforscht wurde und die Indianer lesen, schreiben und rechnen lernten. Nun haben diese sogar die Bibel in ihrer Muttersprache zur Hand. Auch wurde mühsam ein Gesundheitswesen aufgebaut und Entwicklungshilfe in der Land- und Forstwirtschaft geleistet. Ebenso lernen die Indianer jetzt, aus Lehm und Zement Backsteine herzustellen. Nun müssen nicht mehr wertvolle Pinienbäume für die primitiven Hütten gefällt werden, und heute leben schon viele Familien in kleinen Backsteinhäusern. Daneben steht fast überall eine Satellitenschüssel! Früher wurden diese geschundenen Menschen von den Brasilianern nicht anerkannt, sogar verachtet, ausgebeutet, bettelarm und dumm gehalten. Aber heute haben sie am wirtschaftlichen Aufschwung teil, beackern ihre Felder mit Traktoren und informieren sich über Bildschirm, was in der Welt geschieht.

Längst gehört es zu den Schwerpunkten der Missionsarbeit, Gemeindeleiter – inzwischen sind es 13 Ehepaare – auszubilden und zu begleiten, auch bei neuen Gemeindeleitern zu erkennen, welche geistlichen Gaben sie haben und sie anzuleiten, diese einzuüben; denn die Gemeinden sollen mehr und mehr von den deutschen Missionaren unabhängig werden und selbst Verantwortung übernehmen.

Walter Hery erzählte bei seinem letzten Besuch in unserem Gottesdienst:

»Der Häuptling Ség-Ség hatte uns Missionaren jahrelang verboten, in seinem Dorf Marrecas das Evangelium zu verkünden.

Aber dort lebten auch Garignan und ihr Mann Dilson, die ›in Christus hineingegangen sind‹ – wie es in der Sprache der Kaingang heißt. Garignans Vater Tobias, Gemeindeleiter im Nachbarreservat, besuchte natürlich gern seine Tochter und ihre Familie. Doch Ség-Ség sagte zu ihm: ›Ich verbiete dir, hier im Dorf deinen Glauben zu verkünden!‹ So erzählte Opa Tobias nur in Garignans und Dilsons Hütte den Enkeln biblische Geschichten. Da kamen die Nachbarn herein, setzten sich dicht gedrängt auf den Boden und hörten begierig zu. Als Ség-Ség dies erfuhr, sagte er zu Tobias: ›Ich verbiete dir, unsere Dörfer noch einmal zu betreten, sonst lasse ich dich einsperren!‹

Trotzdem kamen Menschen durch das Zeugnis der wenigen Christen zum Glauben und wollten getauft werden. Aber es wurde ihnen nicht erlaubt. Doch sie ließen sich nicht abhalten, einzeln und gemeinsam Gott um Hilfe zu bitten. Da griff er eines Tages ein und handelte: Häuptling Ség-Ség wurde im Dezember 2003 von seinen eigenen Leuten vertrieben. Halleluja! Die Christen jubelten. Der neue Häuptling erlaubte nun die gewünschte Taufe, und am 2. Mai 2004 wurden 28 erwachsene Kaingang vom Gemeindeleiter Manoel getauft und die Kaingang-Gemeinde Marrecas gegründet. Dank sei Gott! An diesem Tag wurden auch Dilson und Garignan als Gemeindeleiter eingesegnet. Ein großes Freudenfest, zu dem etwa 500 Indianer aus der Umgebung angereist kamen und mitfeierten!

Zuerst versammelte sich die junge Marrecas-Gemeinde in einer Hütte, die jedoch viel zu klein war; danach unter Zeltplanen, die an Hütten und Bäumen befestigt waren. Die Gemeinde wuchs und wuchs. Da tauchte der Wunsch auf: Wir brauchen dringend eine Kirche! Doch wo? Welches war der beste Bauplatz? Gemeinsam mit dem Häuptling, den Gemeindeleitern und einigen Dorfältesten suchten nun Walter Hery und sein Sohn Ka'egso bei mehreren Besuchen nach dem geeigneten Grundstück für die Kirche. Es musste eben sein, günstig liegen, eine gute Zufahrt, Wasser- und Stromanschluss haben und vor allem groß genug sein. Doch es war äußerst schwierig, einen strategisch gut gelegenen Bauplatz zu finden.

Da redete Gott mit Hortencio. Er war einer der ersten Christen der Marrecas-Gemeinde und wohnte auf einem zentral gelegenen Grundstück mitten im Dorf. Neben seiner Hütte hatte er mit viel Mühe einen großen, fruchtbaren Gemüsegarten angelegt. Vom Ertrag konnte er gut leben, sogar noch einiges verkaufen oder tauschen. Doch eines Tages machte er eine besondere Erfahrung mit Gott:

›Ich habe beobachtet, wie Fár – also Walter Hery – und Ka'egso überall nach einem guten Bauplatz für unsere Kirche suchten. Bei jedem Besuch meinten sie, jetzt endlich die richtige Stelle gefunden zu haben. Dann stellten sie jedoch fest, dass diese jeweils leider auch Nachteile hatte. Ich habe natürlich ebenso überlegt und gesucht und alle Möglichkeiten erwogen. Eines Tages sagte ich dann zu Gott: ›Eigentlich ist der Platz, wo ich wohne, der allerbeste für unsere Kirche! Wenn du das auch meinst, Vater im Himmel, sag es mir bitte! Ich bin bereit, mein Bretterhaus abzureißen und anderswo aufzubauen. Meinen Gemüsegarten opfere ich ebenso für dich! Was mein ist, ist dein, lieber Herr!‹ Da sagte Gott zu mir: ›Hortencio, das freut mich sehr, dass du bereit bist, dein Haus abzureißen, es anderswo wieder aufzubauen und deinen Gemüsegarten zu opfern. Der Platz, wo du wohnst, ist auch für mich der beste für die Kirche!‹

Dann bin ich zum Häuptling und zu den Gemeindeleitern gegangen und habe ihnen gesagt: ›Hört, ich habe mit Gott geredet, und er hat mir gesagt, dass unsere Kirche dorthin gebaut werden soll, wo mein Haus steht und mein Gemüsegarten liegt!‹ Sie gingen mit mir, begutachteten mein Grundstück und waren hocherfreut.‹

Daraufhin begannen die Kaingang unter der Leitung des Maurermeisters, ihre Kirche mit selbst gefertigten Backsteinen zu bauen. Die Einweihung am 26. November 2006 mit dem zweiten Tauffest für 22 Täuflinge der Marrecas-Gemeinde war ein noch größeres Freudenfest. Einige Hundert Gäste kamen angereist und freuten sich lautstark von ganzem Herzen mit. Der alte Hortencio strahlte und erlebte sichtbar Gottes Segen. Einige Glaubensbrüder halfen ihm, seine Hütte weiter oben wieder aufzubauen und einen neuen Gemüsegarten anzulegen. Man spürte ihm ab, dass er inneren Frieden und Geborgenheit in Jesus Christus hat.

Bis heute wächst die Marrecas-Gemeinde stetig. Die Gottesdienste sind anziehend und sehr lebendig. Dabei ist der mit Inbrunst gesungene Lobpreis ein wichtiger Teil. Gott dankbar zu loben für alles, was er getan hat und tut, ist den Gemeindegliedern ein Herzensanliegen. Dann predigt nicht nur einer ermüdend die ganze Zeit, sondern viele setzen ihre geistlichen Gaben ein: Einige berichten von Gebetserhörungen, andere, welches Bibelwort ihnen wegweisend war, manche geben ein Glaubenszeugnis, nicht nur einer spricht ein Gebet, sondern viele beten frei und laut. Wenn jemand für einen besonderen Anlass gesegnet werden möchte, sind immer einige bereit, mit Handauflegung inbrünstig und sehr persönlich zu segnen. Selbstverständlich wird namentlich für Kranke gebetet und gläubig Heilung erwartet, was oft geschieht. Nach dem Gottesdienst ist Zeit für seelsorgerliche Gespräche und geschwisterliche Begegnungen. Kein Wunder, dass die Kirche immer voll ist und die Gemeinde ständig wächst. Und mittendrin ist Hortencio und freut sich. Gott allein die Ehre!«

Dieses Zeugnis von Walter Hery hat mich sehr ermutigt. Ist es nicht beeindruckend, wie Gott das, was wir haben, gebrauchen kann, wenn wir es ihm zur Verfügung stellen? Hortencio war offen dafür, Gottes Stimme zu hören, selbst wenn es ihn etwas kosten sollte. Als er Gottes Auftrag empfing, war er sofort bereit, zu gehorchen und ein großes Opfer zu bringen. Das ist mir ein Vorbild. Genauso wie die Indianer und ihre lebendige, wachsende Gemeinde!

Impulse zum Nachdenken und für Gruppengespräche

1. Fragen:
   - ☼ Welche Missionare kann ich mit Gebet und Gaben unterstützen?
   - ☼ Bin ich offen, dass Gott, wenn er es für nötig befindet, auch von mir ein Opfer wünschen kann? Kann ich sagen: »Dir zuliebe, Jesus, will ich es tun, auch wenn es mir schwerfällt«?
   - ☼ Was können wir für unsere schrumpfenden Gemeinden von manchen Missionsgemeinden lernen?
   - ☼ Wie und wo kann ich mich im Auftrag Jesu in meiner Gemeinde einsetzen?
   - ☼ Wozu hat Gott mich berufen? Welche geistlichen Gaben hat er mir gegeben?

2. Bibelverse zum Nachdenken: Apostelgeschichte 11,25-30; Markus 12,41-44.

3. Lobet und preiset, ihr Völker den Herrn
   Ev. Gesangbuch 337

Lobet und preiset, ihr Völker, den Herrn   ö

337

Lo - bet und prei - set, ihr Völ - ker, den Herrn,

freu - et euch sei - ner und die - net ihm gern.

All ihr Völ - ker lo - bet den Herrn.

Text und Kanon für 3 Stimmen: mündlich überliefert

KAPITEL 4

Mein Alterssitz

Als vor Jahren die Zeit meiner Pensionierung nahte, hörte ich immer wieder in mir die Frage: »Wo willst du deinen Ruhestand verbringen?« War es Gottes Stimme oder mein gesunder Menschenverstand? Ich prüfte die verschiedenen Möglichkeiten eines neuen Wohnortes. Jedenfalls antwortete ich meistens: »Ich weiß es noch nicht! Am liebsten bliebe ich hier, wo ich schon über zwanzig Jahre wohne. Da fühle ich mich daheim, kenne alle Leute und verstehe mich bestens mit meinem Nachfolger. Von hier aus kann ich auch gut als Reisereferentin zu den Frühstückstreffen für Frauen fahren. Doch du weißt, himmlischer Vater, dass ich unbedingt nur an dem Ort sein will, wo du mich haben willst und auch im Alter noch gebrauchen kannst! Bitte weise mir möglichst klar meinen Platz!«

Lange erhielt ich keine Antwort. Sollte ich jetzt Mose, Vater Abraham oder Noah beneiden, zu denen Gott wahrscheinlich akustisch hörbar gesprochen hätte? Doch in meinem großen Freundeskreis kannte ich nur eine Person, die Gott unüberhörbar laut hatte reden hören. Meine Freundin Waltraut war gewarnt worden, als sie und ihr Kind in Gefahr waren: »Nimm dein Kind und schließe dich ein!« Erschrocken hatte sie sich umgeschaut. Kein Mensch war zu sehen gewesen. Also hatte Gott gesprochen, und sie gehorchte ihm. Bald danach hatte ein Mann mit böser Absicht an ihre Tür geklopft. Aber sie und die Kleine waren in Sicherheit gewesen. Es ist sicherlich eine Ausnahme, wenn Gott hörbar spricht. Wie aber wollte Gott zu mir reden?

Eines Tages besuchte mich überraschend ein Haßlocher Bus voll meiner früheren Klassenkameraden. Sie baten mich:

»Hannelore, komm doch wieder zurück in deine alte Heimat und in unsere Runde und fahre mit uns Fahrrad!« Ähnlich redeten auch meine beiden in Haßloch lebenden Geschwister und ihre Familien, zu denen ich ein gutes Verhältnis habe. Doch ich scheute mich vor dem Umzugsstress. Der Gedanke an einen Ortswechsel war mir irgendwie unangenehm. War ich überhaupt noch offen für Gottes Reden? Oder hatten die eigenen Pläne mir das innere Ohr verstopft?

An einem schönen Nachmittag fuhr ich auf der Landstraße durch die Rheinebene in Richtung Haßloch. Am Horizont tauchte die vertraute Silhouette meines früheren Heimatdorfes auf: das abgeknickte Turmdach der Christuskirche, wo ich konfirmiert und getraut worden war und wo ich mich als Pfarrerskind in meiner Jugend zu Hause gefühlt hatte. Um die Kirche scharten sich viele Häuser wie Kinder um ihre Mutter. Da spannte sich auf einmal über das ganze Dorf ein vollkommener, herrlicher Regenbogen, wie ich noch nie einen solchen meinte gesehen zu haben – von der Erde hoch in den Himmel und wieder ganz herunter. Als wäre ein himmlischer Schutzschirm über dem Großdorf aufgespannt. Wollte Gott mir dadurch etwas sagen? Sollte es gar eine eindeutige Antwort auf meine jetzige Lebensfrage sein? Ergriffen staunte ich, trat auf die Bremse und dachte an Noah, dem ein wunderbarer Regenbogen geschenkt worden war, als er die neue Heimat betrat und Gott dankte.

Dieser Regenbogen – bedeutete er nicht inneren Frieden? Doch ich zweifelte immer noch: »Lieber Vater, es könnte ja sein, dass ich mich täusche! Ich will mich jetzt nicht auf starke Gefühle verlassen. Deshalb gib mir bitte noch eine handfeste Bestätigung! Du weißt ja, ich will keine falsche Entscheidung treffen, nur weil ich gerade innerlich bewegt bin! Ich werde nun vorsichtig einige Schritte in Richtung Umzug nach Haßloch unternehmen. Bitte, Jesus, mein Trainer, pfeife mich zurück, wenn ich falsch laufe!«

Tatsächlich: Gott ging gnädig auf meine Bitten ein, und ich erhielt bald darauf innerlich Frieden. In jenen Tagen las ich im Losungsbüchlein: »Deine Ohren werden hinter dir das Wort hören: Dies ist der Weg; den geht! Sonst weder zur Rechten noch zur Linken!« (Jesaja 30,21). Das war eindeutig! Es traf mich ins Herz! Auch konnte ich gut mein älteres Häuschen verkaufen und mit der finanziellen Hilfe meiner erwachsenen Söhne in Haßloch eine Doppelhaushälfte nahe dem Zentrum erstehen, in einer ruhigen Sackgasse, wo jetzt meine Enkelinnen gefahrlos Einrad fahren können. Bei Familientreffen hat mein Heim sogar dehnbare Gummiwände und kann alle aufnehmen! Ein Treffpunkt meiner Kinder und Enkel – ganz nach meinem Herzenswunsch!

Ja, so ist es: Viele Entscheidungen erweisen sich erst im Nachhinein als richtig. Manche falsch getroffenen sind jedoch nur schwer oder nie mehr rückgängig zu machen. Doch ich erlebe immer noch erfreuliche Bestätigungen dafür, dass mein Weg von Gott geführt war: Das Großdorf ist besonders seniorenfreundlich, denn es ist hier alles eben und einfach zu erreichen: Geschäfte, Ärzte, Apotheken, Bahnhof, Kirche … Vor allem sind die Bewohner ausgesprochen hilfsbereit zu mir und freuen sich bis heute, dass ich in die alte Heimat zurückgekehrt bin. Viele grüßen mich und sprechen mich freundlich an. Die älteren erzählen mir voll Dankbarkeit von den Erinnerungen an meine Eltern, die damals ein besonders aktives Pfarrersehepaar hier waren. Nicht wenige schütten mir sogar ihr Herz aus, und ich kann sie trösten und mit manchen auch beten.

Darum habe ich gern hier im Dorf einige Aufgaben übernommen, solange unser Schöpfer mir Gesundheit und einen klaren Kopf schenkt. In der Kirchengemeinde und im hiesigen Seniorenheim gibt es für Ehrenamtliche genug zu tun. In meinem Hauskreis von neun Frauen fühle ich mich angenommen und gefragt. Auch helfe ich gern in der Frauenarbeit mit. Ich stelle fest: Seniorinnen und Senioren mit Lebenserfahrung und erprobtem Glauben sind heute dringend gesucht! Gott will, dass wir auch im Alter möglichst die Gaben nutzen, die er uns geschenkt hat.

Ehrenamtliches Engagement bietet speziell christlichen Senioren zahlreiche Einsatzmöglichkeiten. Deshalb heißt die Parole: »Senioren für Christus! Entdeckt eure Chancen, nehmt sie wahr und fragt: Was ist meine jetzige Berufung?« Manche meiner Generation sind »geistliche Mütter und Väter« für Sinn suchende Mitmenschen geworden. Wieder andere sind diakonisch tätig.

Mir selbst bekommt es gut, wenn ich mich engagiere und nicht hängen lasse; denn wer rastet, der rostet! Nichts lässt einen so schnell altern, wie wenn man nichts tut, im Sessel sitzt, viel fernsieht und auf Wehwehchen wartet. Dass ich kurzatmig geworden bin, erinnert mich stets daran, mein früheres Tempo beim Treppensteigen und bei Anstrengungen zu verlangsamen. Das Abenteuer heißt: langsamer treten! Es geht um die Entdeckung der Langsamkeit. Setze bewusst einen Fuß vor den anderen, damit du nicht stolperst, hinfällst und dir die Knochen brichst! Ich kann mir jetzt ohne Zeitdruck einen schöpferischen Lebensstil, der meiner Kraft entspricht, aneignen.

Paulus schreibt: »Darum werden wir nicht müde; sondern wenn auch unser äußerer Mensch verfällt, so wird doch der innere von Tag zu Tag erneuert« (2. Korinther 4,16). Älter werden wir ganz von allein, aber werden wir auch reifer? Wir sollten im Alter »better, not bitter« werden – besser, aber nicht bitter!

Zum Glück ist mein kleiner Garten ein »Jungbrunnen« für Leib und Seele: Ich muss mich bücken und strecken. Vor allem macht es mich richtig glücklich, zu sehen, wie das Jahr über nacheinander meine Stauden blühen, die unzähligen Insekten zu beobachten, zu riechen, wie die Gewürzkräuter duften, Samen und Erde in meinen Händen zu fühlen und sonnengereifte Tomaten zu schmecken. Es freut mich, dass Frau Amsel in meiner Hausrebe brütet und Herr Amsel auf meinem Dach flötet. Die nahe Natur tut meiner Psyche gut und macht meinen Kopf frei. Ab und zu muss ich mir allerdings einen Ruck geben, das wöchentliche Schwimmen und die Wassergymnastik nicht zu vernachlässigen; denn körperliche Bewegung stimuliert angeblich die Neubildung von Nervenzellen. Auch durch Lesen und Schreiben werden die grauen Gehirnzellen aktiviert und gehen nicht so schnell ein. Heilende Worte aus der Bibel, Gespräche und Gebete mit gläubigen Christen können Negatives löschen und eine positive Gemütslage festigen.

Überraschend hat Gott mir sogar trotz meines Alters einen ganz besonderen Auftrag erteilt, nämlich die Evangelisationswoche ProChrist mit dem vollmächtigen Redner Ulrich Parzany in unserem Dorf anzukurbeln. Sie wurde von Chemnitz via Satellit in mehr als 1350 Orte ausgestrahlt. Unsere ausgelastete Pfarrerschaft sagte mir: »Wenn ein einsatzbereiter Trägerkreis alle Arbeit und die volle Verantwortung übernimmt, dann stellen wir gern unsere Kirche als Versammlungsraum für ProChrist zur Verfügung!« Doch einen solchen Trägerkreis konnte ich wahrlich nicht aus dem Boden stampfen, sondern ich betete: »Jesus Christus, wenn du hier glaubensferne Menschen im Auge hast, die du durch ProChrist in deine Nachfolge rufen willst, dann schaffe du bitte einen Trägerkreis nach deinem Herzen!«

Er tat es. Bald kamen zu meiner Überraschung ganz von selber 26 missionarisch eingestellte Christen zu mir und fragten: »Dürfen wir bei ProChrist mitarbeiten?« – Wie gern! Obwohl sie recht verschiedene Glaubensprägungen hatten, hat der Heilige Geist uns zu einer beglückenden Einheit zusammengeschweißt. Kein Opfer an Zeit, Kraft, Geld, Fürbitte und Einsatz war uns zu viel. Wir erlebten von Anfang an bis heute in vielfältiger Weise Gottes Führung und wunderbare Gebetserhörungen. Als wir Widerstand bekamen und aufgeben wollten, da redete Gott sehr klar: »Mein Werk kann niemand hindern, die Arbeit darf nicht ruhn, wenn ich, was meinen Kindern ersprießlich ist, will tun!« Aus Zweifeln wurde Staunen: Geistliches Leben sprosste!

Zu den sehr gut besuchten acht ProChrist-Abenden kamen nicht nur Gläubige, sondern manche Kirchen- und Glaubensferne. Nicht wenige von diesen haben sich entschieden, sich fortan voll und ganz Jesus Christus anzuvertrauen. Sie brachten ihr Leben vor Gott in Ordnung und schlossen sich ihm dankbar an. Gott allein weiß, was da Entscheidendes geschah und ewig gilt, und worüber die Engel im Himmel jubeln. Für uns Seelsorgerinnen im Trägerkreis ein unverdientes Vorrecht, manchmal Zeugen sein zu dürfen!

Nun begleiten wir freundschaftlich neu gewonnene Christen, bieten ihnen Glaubenskurse und Nachfolgeabende mit verschiedenen Themen an und erleben erfreut, wie sie interessiert und aufrichtig mitmachen. Um sie in die Bibel einzuführen, gestalten wir Bodenbilder mit den bewegbaren biblischen Erzählfiguren nach der Anleitung von *Stufen des Lebens*. Wenn unsere neuen Geschwister innerlich gefestigt sind, werden sie sich in eigener Wahl einer der bestehenden Gemeinden, Gemeinschaften oder Gruppen anschließen, nämlich dort, wo sie sich am meisten geborgen fühlen und herzliche Gemeinschaft erleben.

Doch nicht nur bei großen, sondern auch bei kleineren Entscheidungen will ich jeden Tag nach Gottes Willen fragen. Manchmal meine ich zu hören: »Meine Tochter, ich habe dir genug Verstand gegeben, um abzuwägen, was gut ist!« Doch leider bin ich oft eigensinnig oder ich täusche mich und benötige deshalb ständig Gottes Vergebung. Auch denke ich jetzt im Alter erstaunlich viel über längst Vergangenes nach und bedaure sehr mein falsches Verhalten in manchen Situationen. Immer wieder muss ich voll Reue sagen: »Jesus, vergib mir!« Das ist der Hauptgrund, weshalb ich Jesus Christus über alles liebe: Er verzeiht mir restlos und hat alle meine Schuld stellvertretend am Kreuz mit seinem unschuldigen Blut bezahlt. Friede im Alter – Friede bis ans Grab. Was für ein Himmelsgeschenk!

Impulse zum Nachdenken und für Gruppengespräche

1. Fragen zur Selbstprüfung:
- ☼ *Glaube ich, dass Gott mir Talente, Fähigkeiten und Gaben geschenkt hat, die ich in seinem Namen zum Nutzen der Allgemeinheit einsetzen soll?*
- ☼ *Glaube ich, dass ich dem lebendigen Gott für mein Leben in Jugend und Alter Rechenschaft schuldig bin?*
- ☼ *Glaube ich, dass Gott das Werk, das er in mir angefangen hat, auch zur Vollendung bringen wird?*
- ☼ *Glaube ich, dass ich den letzten Lebensabschnitt nutzen sollte, um mich auf die Begegnung mit Gott vorzubereiten?*

Reinhold Ruthe

2. Auf wen oder was will der Engel den Alten hinweisen?

Ernst Barlach: Der Müde

Wenn ich wüsste, dass morgen die Welt unterginge,
ich pflanzte heute noch mein Apfelbäumchen.

Martin Luther

Alt ist nicht die Zahl der Jahre,
alt ist nicht das Grau der Haare,
alt ist, wer den Mut verliert
und sich für nichts mehr interessiert.

Unbekannt

Wir sind nicht umsonst in diese Welt gesetzt.
Wir sollen reif werden für eine andere Welt.

Matthias Claudius

KAPITEL 5

Auf Anregung des Geistes

Vor einiger Zeit war ich wegen meiner Kniearthrose zur Kur in dem christlich geführten Sanatorium Hensoltshöhe in Gunzenhausen. Zu meiner großen Freude traf ich dort die bekannte Zigeunermissionarin Gertrud Wehl aus Hamburg. Sogleich ging ich auf sie zu, stellte mich vor und hatte danach mit ihr mehrere bewegende Gespräche. Ich erfuhr, dass sie nun fast 90 Jahre alt und immer noch als Missionarin unterwegs ist. Sogar im Ausland. So war sie öfter mit den Evangelisten Ulrich Bombosch, Willi Buchwald und Dr. Wladimir Ryagusow als Übersetzer in Russland und reiste unter Strapazen sogar nach Sibirien und über den nördlichen Polarkreis hinaus. Sie wird vom Frauenmissionsgebetsbund treu umbetet und unterstützt.

»Und wann gedenken Sie in Rente zu gehen, Schwester Gertrud?«, frage ich sie.

»Ich halte es mit dem Grafen Zinzendorf. Er sagte nämlich: ›Meine Sehnsucht bis zum Sterben ist, Seelen für das Lamm zu werben!‹ Ist es nicht so, dass Gottes Leute bis an ihr Lebensende im Dienst sind? Und wenn sie nicht mehr beweglich sind, können sie immer noch betend Gottes Arm bewegen!«, antwortet sie mit blitzenden Augen.

Ich staune: Obwohl Gertrud Wehl schwerfällig geht, ist doch ihr Geist hellwach und führt sie zielsicher zu Menschen in ihrer Umgebung. Dabei erkennt sie mit missionarischem Blick, wer eine lebendige Beziehung zu Jesus Christus hat oder wer sich danach sehnt. Dann hört sie in sich hinein, was sie ihrem Gegenüber von Gott sagen soll. Sie hat in der Tat ein trainiertes Ohr für die Stimme des Heiligen Geistes.

Als ich das einige Male beobachte, muss ich sogleich an den

alten Simeon von Jerusalem denken (siehe Lukas 2,25-38). Er lebte in ständiger Verbindung mit dem Heiligen Geist. Auch litt er damals sehr unter den Zuständen in Israel und erkannte wohl auch, wie viel Ungöttliches in den Herzen seiner Mitmenschen war. Da wurde ihm klar: Bei so viel Unheil kann nur der Messias helfen – der Heiland für alle Menschen. Wann würde er endlich kommen? Die Not trieb ihn ins Gebet. Auf sein inständiges Flehen antwortete ihm der Heilige Geist, dass er nicht sterben werde, bevor er den von Gott gesandten Christus gesehen habe. Von da an hielt Simeon mit Glaubensaugen sehnsüchtig nach ihm Ausschau – und wurde älter und älter. Würden sich die Prophezeiungen wenigstens zum Teil zu seiner Lebzeit erfüllen? Würde er die Erhörung seiner vielen Gebete noch erleben? Da hörte er eines Tages mit geschultem Glaubensohr: »Heute! Geh hinauf zum Tempel!« Er gehorchte sofort.

Im Vorhof sah er viele Menschen, darunter auch junge Eltern, die für ihren erstgeborenen Sohn ein Dankopfer brachten. Da erkannte er mit seinen Glaubensaugen in dem ganz normal aussehenden Baby das Heilandskind auf den Armen seiner Mutter. Erfreut nahm er es in seine alten Hände und brach in einen prophetischen Lobpreis aus. Darüber freute sich auch die uralte Beterin Hanna, die ausgerechnet zu diesem Zeitpunkt dazukam. Bewegt erzählte sie nun allen, die dafür offen waren, dass endlich der Christus auf diese Welt gekommen sei. Zwei sehr alte Menschen, die nicht zu alt waren, um auf die Anregungen des Geistes zu achten!

Nun sitze ich neben der fast 90-jährigen Gertrud Wehl auf der Bank. Ihr rundliches Gesicht hat nur wenige Falten und lässt sie viel jünger erscheinen. Ich frage sie: »Schwester Gertrud, welches besondere Erlebnis mit Gott hattest du in der letzten Zeit?«

»Da muss ich ein bisschen weiter ausholen, damit du es besser verstehst!«, meint sie und berichtet mir anschaulich. Ich sehe es wie in einem Film vor meinem inneren Auge:

Gott beruft Gertrud Wehl 1953 als Missionarin unter die Sinti und Roma in Hamburg und Umgebung. Ihr Losungswort, das ihr die Richtung zeigt, lautet bis heute: »Die Zigeunerwelt für Jesus!« So besucht sie unermüdlich und über Jahre hinweg die verschiedenen Zigeunerlager in und um Hamburg herum, hält dort spannende Kinderstunden, spricht mit den Sintifrauen, erkennt aber bei ihnen viel abergläubige Gebundenheit wie Zauberei und Wahrsagerei. In den »Wohnwagenhauskreisen« macht sie regelmäßig interessierte Sinti und Roma mit Gottes Wort bekannt. Der ausrangierte Postbus mit dem Namen »Heilandsbus« dient als Versammlungsstätte für die Sonntagabendstunden. Ein mühsamer Anfang, der viel Herzblut kostet!

Da gibt ein Naturereignis den entscheidenden Ausschlag: Am 17. Februar 1962 erlebt Hamburg eine schwere Sturmflut. Die Deiche brechen. Ganze Straßenzüge stehen unter Wasser. 300 Menschen ertrinken. Unzählige werden obdachlos. Dann das Gerücht: Das ganze Zigeunerlager wurde fortgeschwemmt! Chaos und viele Tote! Sofort macht sich Getrud Wehl mit bangem Herzen auf den Weg und wird Zeugin eines Wunders: Alle Sintis leben! Gott hat seine schützende Hand über die Wagen und Zelte gehalten. Die Zigeunerfamilien sind tief bewegt über Gottes Bewahrung. Sie erkennen darin sein liebevolles und mahnendes Reden und fragen: »Was will Gott uns damit sagen?« Keiner ist mehr gleichgültig.

Auch Gertrud Wehl spürt deutlich Gottes Reden und sieht nun die Zeit gekommen, zusammen mit Brüdern eine Evangelisation unter den Hamburger Sinti durchzuführen. Und jetzt geschieht das zweite, noch viel größere Wunder: Aus Dankbarkeit für Gottes Bewahrung bricht eine Erweckung unter ihnen aus, und viele werden Christen. Pendel, Tarotkarten, Glaskugeln und alle Zaubergegenstände werden vernichtet. Die bekannte Charlos-Weiß-Kapelle, die bisher temperamentvolle Zigeunermusik für Filme, in üblen Nachtlokalen und auf der Reeperbahn gespielt hat, stellt sich völlig um und spielt jetzt nur noch zur Ehre Gottes. Nun wird sie in Kirchengemeinden eingeladen, gibt sogar Schallplatten heraus, und viele Zuhörer sind erstaunt über die Kehrtwendung dieser Musiker.

Aus Gertrud Wehl wird eine geistliche Mutter und vollmächtige Verkündigerin. Sie gewinnt viele Sinti und Roma für Christus, begleitet sie seelsorgerlich und lehrt sie, besucht die Kranken und Leidenden, tröstet Sterbende und führt junge und ältere Frauen in die Kinder- und Frauenarbeit ein.

Ich staune: Weil sie gehorsam ist und sich nicht schont, ist sie bis zum heutigen Tag eine Seelsorgerin für Unzählige. Nun wendet sie sich mir zu: »Jetzt kommt die Geschichte, die ich dir eigentlich erzählen wollte, Schwester Hannelore. Ich muss jedoch den Namen einer bestimmten Frau ändern. Es ist vor einiger Zeit am Sonntagmorgen. Ich mache mich gerade für den Gottesdienst fertig. Plötzlich höre ich die bekannte innere Stimme: ›Steig ins Auto und fahre zu Olga!‹

›Herr, sofort? Oder kann ich zuerst noch den Gottesdienst besuchen?‹

›Geh heute Vormittag zu Olga!‹ Die Stimme wird eindringlicher: ›Zu Olga!‹

Olga ist eine Sinti und eine besonders schöne Frau, hat vier große Kinder und wohnt in einem anderen Stadtteil. Ich kenne sie seit Jahren, auch ihren harten Alltag. Sie ist einige Male in unsere Gottesdienste gekommen, aber dann wieder ferngeblieben. Ich denke darüber nach und höre wieder den Auftrag: ›Geh zu Olga!‹ Daraufhin lasse ich alles stehen und liegen und fahre innerlich betend zu Olgas Wohnung. An der Klingel eines kleinen Mietblocks lese ich Olgas Nachnamen und läute. Nichts tut sich. Dann drücke ich länger auf die Klingel. Kein Ergebnis. Sollte ich mich getäuscht haben? Hatte ich mir etwas eingebildet? Nein! Ich kenne doch die Stimme meines Herrn! Also klingle ich Sturm.

Endlich öffnet sich im ersten Stock ein Fenster, und Olgas Kopf erscheint. Etwas verwirrt sagt sie: ›Ach, du bist es, Schwester Gertrud. Warum kommst du?‹

›Bitte mach mir auf!‹, rufe ich ruhig und gefasst. Aber ich muss noch eine Weile warten und bete intensiv. Endlich öffnet mir Olga. Sie sieht verstört aus. Ihre schwarzen Haare sind zerzaust, ihre Augen verweint. Mit einer traurigen Handbewegung führt sie mich die Treppe hoch und in ihre Wohnung hinein. Die Schlafzimmertür steht offen. Das Ehebett ist verwühlt. Wir setzen uns beide auf die Bettkante, und ich ergreife Olgas Hand. Da bricht sie in Tränen aus. Sie ist ganz verzweifelt. Unter Schluchzen bringt sie hervor: ›Mein Mann ist endgültig fort zu einer anderen Frau! Er nimmt Drogen! Wovon sollen wir jetzt leben? Ich wollte mich gerade umbringen! Dann hast du geklingelt. Unfassbar! Du bist noch nie bei mir gewesen und kommst gerade jetzt, wo ich meinem Leben ein Ende machen will!‹ Ich streichle beruhigend ihren Arm. Nach einer Pause wage ich zu sagen:

›Du weißt ja, Olga, wenn du gestorben wärst, müsstest du dich jetzt vor Gottes Richterstuhl verantworten! Wie stündest du da? Wärest du schuldlos?‹

Olga denkt nach: ›Nein! Keinesfalls! Da wären aber noch andere Dinge als Selbstmord!‹

›Kannst du sie mir nennen?‹

Stockend kommt aus ihr heraus: ›Hass auf meinen Mann … Eifersucht … Lügen … böse Worte … Streit … und ohne Gott gelebt zu haben, keine innere Verbindung mit ihm gehabt zu haben, wenn ich auch hie und da in euren Gottesdienst gegangen bin.‹

›Siehst du, Olga, wir legen das jetzt alles in einen großen Korb und tragen ihn gemeinsam zum Kreuz. Dort schütten wir ihn aus! Es ist ein großer Haufen von Sünden. Oben am Kreuz hängt Jesus. Kannst du ihn erkennen? Jetzt fällt ein einziger Tropfen von seinem unschuldigen Blut auf deine Schuld – und sie schmilzt in sich zusammen und fließt fort. Nichts ist mehr von ihr zu sehen! Es ist gar nichts mehr da! Und was sagst du jetzt zu Jesus?‹

Sie antwortet tief schnaufend: ›Danke, Jesus, danke!‹

›Gut! Dann wollen wir jetzt gemeinsam mit Jesus sprechen!‹ Der Heilige Geist berührt ihr Herz. Wir beugen unsere Knie vor dem Herrn Jesus und bekennen Schuld und Sünde. Weinend spricht sich Olga bei ihm aus. Ich sage ihr in seinem Namen volle Vergebung zu und trockne ihre Tränen. In Liebe und Dankbarkeit übergibt sie ihm ihr Leben. Fortan will sie ihrem Heiland und Retter gehören – jetzt und immer.

Dann sprechen wir noch miteinander, wie alles weitergehen soll: Könnte sie ein Geschäft eröffnen? Wem soll ich sie als Hilfe empfehlen? Wen könnte ich um Rat fragen? Jedenfalls will sich Olga von jetzt an treu zur Gemeinde halten. Zuversichtlich und sehr herzlich verabschieden wir uns und wissen beide: Unser himmlischer Vater hat schon einen guten Weg für Olga und ihre Kinder bereit.

Dankbar besteige ich mein Auto und sage: ›Herr, ich habe dich verstanden!‹ Und ich weiß: Im Himmel herrscht jetzt große Freude über eine Sünderin, die Buße getan hat.«

Hier macht Schwester Gertrud Wehl eine Erzählpause. Nachdenklich nickt sie vor sich hin und fügt hinzu: »Siehst du, Schwester Hannelore, wenn unser guter Hirte sagt: ›Meine Schafe hören meine Stimme!‹, dann dürfen wir keine verstopften Ohren haben! Manchmal hängt viel davon ab, dass wir geübt sind, auf ihn zu hören!«

Ich stimme ihr bei: »Amen! Ja, so ist es!«

Impulse zum Nachdenken und für Gruppengespräche

1. *Bibelverse zum Thema: die innere Antenne ausfahren und mit dem Herzen hören:*
   Psalm 143,8; Sprüche 20,12; Jesaja 50,4-5

2. *Er weckt mich alle Morgen, er weckt mir selbst das Ohr.*
   Gott hält sich nicht verborgen, führt mir den Tag empor,
   dass ich mit seinem Worte begrüß das neue Licht.

Schon an der Dämmrung Pforte ist er mir nah und spricht.
Er spricht wie an dem Tage, da er die Welt erschuf.
Da schweigen Angst und Klage; nichts gilt mehr als sein Ruf.
Das Wort der ewgen Treue, die Gott uns Menschen schwört,
erfahre ich aufs Neue so, wie ein Jünger hört.

Jochen Klepper

3. *Gott ruft und beruft auch mich! Doch wozu?*

4.

Der Meister ist da und rufet dich (Herkunft unbekannt)

KAPITEL 6

Bei Gott ist alles möglich!

Lore berichtet:

»Ich bin in Paris geboren und auch da aufgewachsen. Mit vierzehn Jahren kam ich ins Internat, wo ich auch Deutsch lernte. Dort gab ich mich als überzeugte Atheistin. Damit wollte ich in meinem Freundeskreis angeben. Ich spottete über Gott, um meine verborgene Sehnsucht zu überspielen, denn ich war im Grunde unglücklich und fühlte mich unwohl in meiner Haut. Eines Nachts schrie ich verzweifelt zum Himmel: ›Gott, es muss dich doch geben! Wozu um alles in der Welt lebe ich eigentlich?‹

Durch eine Freundin entdeckte ich die erlösende, befreiende und euphorisierende Wirkung von Amphetaminen. Ab da schluckte ich täglich diese Droge. Ich mischte sie sogar mit Alkohol, um die Wirkung zu steigern. Als ich sie mir aus Geldmangel nicht mehr beschaffen konnte, blieb der Alkohol mein Tröster. Doch bald merkte ich, dass ich ohne die seelische Betäubung die Realität des Lebens nicht mehr ertragen konnte. So drehte sich jetzt alles um den Alkohol – ohne ihn konnte ich nicht leben! Zwölf Jahre lang musste ich immer wieder trinken – meistens heimlich. Und Gott schwieg auf meine verzweifelte Frage.

Inzwischen hatte ich in Marburg eine Ausbildung zur Krankenschwester begonnen. Doch leider schaffte ich es nicht, den Alkohol zu meiden, und trank heimlich weiter. Er hatte für mich eine unerklärliche Anziehungskraft. Immer wieder griff ich zur Flasche, obwohl ich es eigentlich nicht wollte. Es kam sogar so weit, dass ich gegen Ende meiner Ausbildung Halluzinationen bekam. Darum brachte man mich vom Schwesternheim ins nahe Krankenhaus. Ich war voller Scham und Angst und spürte um mich herum Ablehnung und Missbilligung. Es war gerade Weihnachten. Da kam die Oberin des Krankenhauses in mein Zimmer und sagte: ›Freuen Sie sich, Schwester Lore! Euch ist heute der Heiland geboren!‹ Kein Vorwurf, keine Maßregelung, kein Zorn, keine Verachtung! Das bewegte mich tief.

Auch die ermutigende Reaktion meiner gläubigen Mitschülerinnen und die späte Erkenntnis, dass die Mächtigkeit der Flasche meine Persönlichkeit zerstören konnte, zeigten mir, dass Gott existierte. Ich dachte: ›Er muss mich wohl im Auge haben! Ich bin ihm wertvoll, dass er sich um mich kümmert! Irgendwie liebt er mich, obwohl ich mich so schlecht verhalte!‹ Das überwältigte mich, und ich betete: ›Herr, ich habe großes Vertrauen zu dir und übergebe dir mein fehlerhaftes Leben. Ohne dich habe ich keine Hoffnung und keine Zukunft – nichts, was ich als lebenswert bezeichnen könnte. Mach du aus meinem Leben etwas, das dich erfreut! Amen.‹

Er erhörte mein Gebet und gab mir die Kraft – die ich vorher nicht hatte –, keinen Alkohol mehr zu trinken. Keinen einzigen Tropfen mehr! Ich war nun ›trocken‹! Ein Wunder! So begann mein Weg mit Gott. Dankbare Liebe zu ihm brach in mir auf.

Eigentlich hätte ich jetzt befreit und glücklich sein müssen, wenn mich nicht noch eine andere Bindung im Griff gehabt hätte: das Nikotin! Seit meinem 15. Lebensjahr rauchte ich sehr viel, obwohl ich genau wusste, wie schädlich es war. Gesund alt werden, was sich jeder wünscht? Raucherhusten, angegriffene Lunge, Kurzatmigkeit beim Treppensteigen – das alles machte mir zu schaffen, sodass ich unbewusst gegen mich selbst aggressiv wurde und vermehrt meine Fingernägel abkaute und die Nagelbetthäutchen abriss, bis es blutete und mir wehtat. Diese bösen Finger, die immer wieder nach der Zigarette griffen, obwohl ich es nicht wollte! Sie machte mich weder glücklich noch ausgeglichen. War ich trotzdem noch Gottes Kind?

Ja! Er zeigte mir seine Liebe, indem er mir das Pfarrersehepaar Theo und Dore Schnepel über den Weg führte. Sie hatten schon sechs erwachsene Kinder. Zu meinem Erstaunen sagten sie zu mir: ›Lore, wir betrachten dich von jetzt an als unsere Pflegetochter!‹ Ich war bewegt. Ich war 28 Jahre alt und fühlte mich so angenommen, wie ich war – mit allen meinen Schwächen und Fehlern. Ein neues Zuhause – welch ein Geschenk Gottes! Ich war zutiefst ergriffen!

Jetzt hätte ich allen Grund gehabt, von Herzen dankbar und glücklich zu sein. Aber immer mehr kam eine unerklärliche Angst über mich. Ich musste viel über den Tod nachdenken. Allmählich zog ich mich innerlich von der Außenwelt zurück, sogar von meiner neuen Familie, und verkroch mich in mich selbst. Es war mir ein Rätsel, warum ich so völlig den Blick für meine Nächsten und die Umgebung verlor. In dieser Verfassung war es mir auch nicht mehr möglich, meinen Beruf als Krankenschwester auszuüben. Ich redete kaum noch, empfand auch keinen von außen zugefügten Schmerz und keine Enttäuschung mehr. Mein Herz war erfüllt von einem tiefen Weh. Ich sah nicht mehr die Schönheit der Natur, hatte keine Lust mehr, etwas zu lesen, spürte nur noch dieses unfassbare Leid in mir. Nichts, gar nichts konnte meine innere Verfassung positiv beeinflussen. Auch als ich in die Klinik kam, ging es mir nicht besser. Ich seufzte: ›O Gott, was für ein schweres, schweres Leben!‹

Diese tiefe Depression hat Jahre gedauert – Tag für Tag, Jahr um Jahr, ohne eine Minute der Erleichterung. Morgens wünschte ich mir den Abend, abends sehnte ich den Tag herbei. Die Nacht war so trostlos wie der Tag – und der Tag so hoffnungslos wie die Nacht. Wie sollte ich das Unerträgliche je ertragen? Ich schrieb in mein Tagebuch: ›Wieder diese bedrückende Empfindung, die ich nicht beschreiben kann: eine Mischung aus Angst, sogar Urangst, Sinnlosigkeit, am Rande des Wahnsinns … Herr, lass mich nicht verzweifeln! Lass mich leben! Warum schweigst du so lange?‹

Nach etwa fünf schweren Jahren bekam ich zum Geburtstag eine Karte mit einem besonderen Gotteswort für mich: ›Die

Tage deines Leidens sollen ein Ende haben!‹ (Jesaja 60,20). Da war mir sonnenklar: Dieses Wort spricht Gott zu mir, Lore, ganz persönlich! Aber gleichzeitig wusste ich, dass es nicht so schnell in Erfüllung gehen würde. Würde ich es aushalten können, bis Gott endlich heilend eingriff?

Trotz aller Hilfe war ich nicht fähig, in meiner Bibel zu lesen; auch gingen die Gottesdienste spurlos an mir vorbei. Meine Gebete prallten an der Zimmerdecke ab. Gott schien immer noch zu schweigen. Ich hatte das Gefühl, dass er unendlich weit weg war. Hatte er mich vergessen und verlassen? War er böse auf mich? Strafte er mich? Diesen bedrückenden Zustand konnte ich nach sechs Jahren Abstinenz einfach nicht mehr ertragen und ging in die Kneipe, obwohl ich genau wusste, dass es meinen Untergang bewirken würde. Ich bestellte ein Bier, ein zweites, ein drittes, ein viertes. Mit schlechtem Gewissen schleppte ich mich zurück. Das war der Anfang vom Ende! Ab da gab es im Suchtverlauf keinen Halt mehr. Ich trank vermehrt immer wieder heimlich und konnte nicht mehr damit aufhören.

So vergingen die Jahre hoffnungslos. Die innere Traurigkeit drückte mich nieder, der Alkohol und meine Glimmstängel hatten mich fest im Griff; ich kaute dauernd die Nägel ab und riss mit den Zähnen die Nagelbetthäutchen weg. Die Rasierklinge war stets parat, um diesem unerträglichen Leben ein Ende zu machen. Dennoch wandte ich mich nicht von Gott ab – oder besser: Er blieb in seiner unverbrüchlichen Treue mit mir in Verbindung. Deshalb konnte ich mit ihm oft in einem zaghaften Gespräch sein, getrieben von einer Kraft, die seit meiner Bekehrung nie erloschen war. Immer wieder betete ich: ›Herr, wenn du wirklich größer bist als alles, auch als der Alkohol, dann erbarme dich über mich und erlöse mich noch einmal von dieser Sucht!‹ Ich hatte den Eindruck: Gott hört ganz sicher mein inständiges Gebet! Er wird es zu seiner Zeit hoffentlich auch erhören!

Mit 44 Jahren bekam ich dann einen Therapieplatz – Dank sei Gott! – in einem Wohnheim für psychisch kranke Frauen in

Düsseldorf. Auch dort wurde ich wider Willen trotz aller guten Vorsätze immer wieder rückfällig. Doch ich konnte eine Therapie in einer Fachambulanz für Suchtkranke bei einer gläubigen Psychotherapeutin beginnen. Diese Gespräche waren genau das Richtige für mich. Ab da hörte ich tatsächlich auf, Alkohol zu trinken. Die Besessenheit, dieser ständige Drang, unbedingt trinken zu müssen und ohne Alkohol nicht leben zu können, war völlig weg! Die Dauer meiner Abstinenz wurde immer länger, und eines Tages war ich mir sicher: Ich bin endlich frei! Gott hat nun eingegriffen und die Bindung an den Alkohol durchtrennt! Dieser hat keine Macht mehr über mich! Jesus ist Sieger!

Aber – trotz dieser Befreiung blieb in mir die tiefe Depression. Jeden Morgen, wenn ich aufwachte, überkamen mich eine abgrundtiefe Verzweiflung und Dunkelheit, wenn ich an den vor mir liegenden Tag dachte. Ich schrie zu Gott: ›Mach End, o Herr, mach Ende mit aller meiner Not!‹ Immer wieder dachte ich an sein Versprechen: ›Die Tage deines Leides sollen ein Ende haben!‹ Doch wann? Gott wusste es! Ich klammerte mich daran und betete: ›Ich will die Wartezeit aushalten im Vertrauen, dass du dein Wort hältst! Du hast mich vom Alkohol befreit und wirst auch diese psychische Krankheit heilen!‹ Ich hatte den Eindruck, Gott wollte, dass ich ohne Rebellion wartete, um sich über mich freuen zu können und mich hernach umso mehr zu beschenken.

Endlich, endlich, nach zehn Jahren schwerer Depressionen spürte ich, dass meine innere Mauer allmählich anfing zu bröckeln. Nach und nach, ganz langsam veränderte sich meine Wahrnehmung:

Eines Morgens wachte ich auf, und die früheren qualvollen Vorstellungen und alle Ängste vor dem neuen Tag waren wie weggewischt. Erleichtert merkte ich auf einmal, dass der Sonnenstrahl mich berührte und erwärmte. Eine Spur von Freude keimte in mir auf. Die Umwelt war nun nicht mehr fern, sondern umgab mich fühlbar. Ich öffnete das Fenster und entdeckte mit allen Sinnen, dass die Natur lebendig und voller Farben war! Es zog mich hinaus in die Weite. Tief atmete ich die Waldluft ein. Staunend betrachtete ich die verschiedenen Formen der Blüten und hörte die Bienen summen. Beglückt erlebte ich jetzt bei meinen Spaziergängen Gottes wunderbare Schöpfung und dankte ihm von ganzem Herzen dafür. Die schwere Last, die mich niedergedrückt hatte, war von mir abgefallen. Erlöst atmete ich auf und sagte: ›Herr, es ist gut! Es ist einfach gut zu leben! Wunder über Wunder! Ich freue mich! Wie kann ich dir je genug dafür danken? Zehn niederdrückende Jahre hat diese Bewährungsprobe gedauert. Aber jetzt habe ich sie mit deiner Hilfe bestanden! Du hast dein Versprechen eingehalten, Herr, du treuer Gott!‹

Es war wie ein warmer Frühling nach einem bitterkalten Winter! Nun konnte ich auch wieder konzentriert lesen! Was die Autoren beschrieben, erweiterte mein Denken. Mit Gewinn und Freude las ich in der Bibel, wie z.B. Jesus den blinden Bartimäus und den 38 Jahre lang Gelähmten geheilt hat. Ich genoss jetzt alles doppelt so intensiv, weil ich es so lange entbehren hatte müssen.

Nur eines machte mir noch zu schaffen: meine Gebundenheit an die Zigaretten. Jahrzehntelang rauchte ich schon! Die Abhängigkeit blieb ungemein stark. Ich inhalierte sehr hastig und gierig. Als Christin schämte ich mich sehr, an diese widerlichen Glimmstängel gebunden zu sein. Immer wieder nahm ich mir vor: Es muss jetzt endlich die letzte sein! Ich betete zwar: ›Du allein, mein Jesus, sollst es sein!‹ Dann hörte ich jedoch eine innere Stimme: ›Und die Zigaretten?‹ Oft versteckte ich meine Hände unter dem Tisch, um meine gelben Finger und meine abgekauten Fingernägel zu verdecken. Vergeblich bemühte ich mich, meine dunklen Zähne wieder hell und meine blasse Raucherhaut frisch und rosig zu bekommen. Natürlich wusste ich auch, dass ich selbst, meine Haare, meine Kleider, mein Zimmer und alle meine Gegenstände nach Rauch stanken, obwohl ich meistens draußen rauchte. Meine Sucht war mir selbst zuwider. Ich war voller Scham, hatte aber keine Kraft aufzuhören. Würde ich in diesem Kampf eine ewige Verliererin sein müssen?

Eines Tages – es ist mir stets gegenwärtig, als wäre es heute – saß ich im Garten, rauchte und schaute so vor mich hin. Plötzlich stockte mir der Atem. Ich merkte auf einmal: Unsichtbar stand Jesus da! Er war mir ganz nah und wollte mich vom Rauchen befreien! Er fragte mich: ›Lore, bist du bereit?‹ Ich antwortete: ›Ja, Herr!‹, packte sofort Zigaretten und Feuerzeug in eine Tüte und schrieb auf einen Zettel: ›Es ist so weit – ich wage den Schritt! Aber ich weiß um mein Unvermögen. Jesus muss es bewirken. Ich bin zu sehr abhängig, um es ohne ihn schaffen zu können!‹ Die Tüte und meinen geschriebenen Entschluss übergab ich meiner Betreuerin. Sie war bewegt und betete zuversichtlich mit mir: ›Jesus Christus, du hast Lores Entscheidung gehört. Du gibst ihr zum Wollen auch das Vollbringen!‹

Am nächsten Morgen rauchte ich noch eine einzige halbe Zigarette, die ich gefunden hatte. Es war die allerletzte! Ohne Zigaretten zu sein, ist für mich allerdings sehr gewöhnungsbedürftig. Darum muss der Sieg über den kleinen und doch so starken Glimmstängel immer wieder dankbar gefeiert werden. So erlaube ich mir nun mit gutem Gewissen kleine Freuden und Beschäftigungen, die mir Spaß machen; denn die Nikotinlücke muss ausgefüllt werden. Jesus hilft mir! Halleluja! Heute bin ich so frei, als ob Alkohol und Nikotin in meinem Leben nie eine Rolle gespielt hätten! Dank sei Gott!

Im gleichen Moment, als ich bemerkte, dass Jesus mich vom Rauchen befreit hatte, schaute ich auf meine Fingernägel. Da kam mir in den Sinn: ›Ich werde sie nicht mehr abknabbern müssen!‹ Genauso war es: Seither habe ich nie mehr Nägel und Nagelbetthäutchen abgekaut! Mit dankbarem Lächeln werden jetzt die geschundenen Finger gepflegt und werden immer schöner! Auch meine Gesundheit bessert sich rapide! Als Mutmacher gab Gott mir noch ein Wort auf meinen Weg: »Ich will vor dir hergehen und das Bergland eben machen, ich will die ehernen Türen zerschlagen und die eisernen Riegel zerbrechen und will dir heimliche Schätze geben und verborgene Kleinode, damit du erkennst, dass ich der Herr bin, der dich beim Namen ruft, der Gott Israels« (Jesaja 45,2-3). Dieses Versprechen gilt für meine Vergangenheit, von der Gott mich befreit hat, ebenso wie für meine Gegenwart, wo er mich führt, aber auch für meine Zukunft; denn voll Vorfreude darf ich Gottes Schätze und Kleinode erwarten. Ich bin gespannt, was er noch alles für mich bereithat!

Mittlerweile lebe ich in Düsseldorf beim Wohnheim Bethanien, habe eine kleine Wohnung direkt nebenan und arbeite in der Großküche einer Einrichtung für geistig und körperlich behinderte Menschen. Ich möchte ihnen ohne viele Worte durch meine Art und mein Wesen mitteilen, dass wir einen himmlischen Vater haben, der uns alle liebt. Nicht vergebens hat er mir durch so viele Nöte hindurchgeholfen. Es ist zwar nur ein kleiner, schwacher Dienst aus Dankbarkeit für all das Große, das Gott an mir getan hat. Er hat mich jedoch viele Jahre durch belastende Erlebnisse für diese Aufgabe vorbereitet, sodass ich heute Verständnis und Liebe habe für unsere behinderten Menschen, die wir betreuen. Das ist jetzt meine Berufung, mit meiner begrenzten Kraft für die Schwächsten da zu sein. Ich mache es gern. Es erfüllt mich.

Für Gott waren die Umwege, die ich gegangen bin, nicht zu abwegig, meine Süchte nicht zu groß und meine innere Not nicht zu ausweglos! Er hat keine Mühe gescheut, um im dunklen Tal stets an meiner Seite zu sein, auch wenn ich es nicht fühlte. Es war ihm ein Herzensanliegen, mir zu vergeben, mich zu befreien, zu heilen und zu verändern. Jedes Mal, wenn mir bewusst wird, was Jesus in meinem Leben bewirkt hat, staune ich: ›Herr, ich kann's nicht fassen! Ich kann's nicht fassen!‹

In all diesen langen Jahren haben Menschen mich begleitet und im Gebet getragen. Wo ich nicht glauben konnte, haben sie für mich geglaubt. Wo ich nicht mehr beten, sondern nur noch seufzen konnte, haben sie für mich gebetet. Meine Pflegeeltern sind treu diesen langen Weg mit mir gegangen. Wenn ich jemandem Kummer und Not bereitete, sagte meine Pflegemutter immer: ›Lore, wir alle leben aus der Vergebung! Wir gehen weiter den Weg mit dir!‹ Das gilt noch heute. Für alle Menschen, die mir Stütze waren und sind, bin ich zutiefst dankbar.

Wo gehe ich hin? Wo will ich hin? Ich weiß, wohin! Stets in die Vaterarme meines Gottes! Ich bin immer wieder neu überwältigt, wie real erfahrbar unser Gott ist. Nichts ist zu dunkel, zu sündig, zu unheilbar, zu ausweglos für ihn! Ja, für diesen Gott ist nichts unmöglich! Sein Handeln an mir hört nie auf. Ununterbrochen erlebe ich bis heute, wie er immer wieder in meinen Alltag eingreift. Zutiefst habe ich seine Liebe erfahren. Es ist mein Dank und mein Wunsch, mit ihm immer und ewig weiterzuleben: ›Mit dir, Jesus, mein Herr und mein Gott!‹

Dieser Bericht ist ein Zeugnis von Gottes Treue. Viele sollen erfahren, wie unwandelbar treu unser Gott ist.«

Ich will vor dir hergehen und einebnen, was sich dir in den Weg stellt. Ich werde Bronzetore zerschmettern und Eisenriegel zerbrechen. Und ich gebe dir Schätze, die im Dunkeln verborgen sind - geheime Reichtümer. Das alles tue ich, damit du weißt, dass ich der Herr bin, der Gott Israels, der dich bei deinem Namen ruft.

Jesaja 45,2-3

Impulse zum Nachdenken und für Gruppengespräche

1. *Frage: Habe ich auch erlebt, dass Gott mir in schwierigen Zeiten einen Bibelvers oder ein Wort gegeben hat, an das ich mich klammern konnte? Ist vielleicht gerade jetzt so eine Zeit, in der ich an Gottes Versprechen festhalten muss?*

2. *Schwing dich auf zu deinem Gott!*
   Ein Lied von Paul Gerhardt für schwermütige, niedergedrückte Christen:

1. Schwing dich auf zu dei-nem Gott, du be-trüb-te See-le!
   War-um liegst du Gott zum Spott in der Schwer-muts-höh-le?
   Merkst du nicht des Sa-tans List? Er will durch sein Kämp-fen
   dei-nen Trost, den Je-sus Christ dir er-wor-ben, dämp-fen.

2. *Schüttle deinen Kopf und sprich: »Flieh, du alte Schlange!*
   Was erneust du deinen Stich, machst mir Angst und Bange?
   Ist dir doch der Kopf zerknickt! Und ich bin durchs Leiden
   meines Heilands dir entrückt in den Saal der Freuden!«

3. *Hab ich was nicht recht getan, ist's mir leid von Herzen;*
   dahingegen nehm ich an Christi Blut und Schmerzen.
   Das ist der bezahlte Lohn meiner Missetaten.
   Bring ich dies vor Gottes Thron, ist mir wohlgeraten.

4. *Christi Unschuld ist mein Ruhm, sein Recht meine Krone;*
   sein Verdienst mein Eigentum, darin frei ich wohne
   als in einem festen Schloss, das kein Feind kann fällen,
   brächt er gleich davor Geschoss und Gewalt der Höllen.

5. *Stürme, Teufel, und du Tod! Was könnt ihr mir schaden?*
   Deckt mich doch in meiner Not Gott mit seiner Gnaden –
   der Gott, der mir seinen Sohn selbst verehrt aus Liebe,
   dass der ewge Spott und Hohn mich nicht dort betrübe.

6. Ich bin Gottes! Gott ist mein! Wer ist, der uns scheide?
   Dringt das liebe Kreuz herein mit dem bittern Leide:
   Lass es dringen, kommt es doch von geliebten Händen!
   Und geschwind zerbricht sein Joch, wenn es Gott will wenden.

7. Kinder, die der Vater soll ziehn zu allem Guten,
   die gedeihen selten wohl ohne Zucht und Ruten.
   Bin ich denn nun Gottes Kind, warum sollt ich fliehen,
   wenn er mich von meiner Sünd auf was Guts will ziehen?

8. Es ist herzlich gut gemeint mit der Christen Plagen.
   Wer hier zeitlich wohl geweint, darf nicht ewig klagen,
   sondern hat vollkommne Lust dort in Christi Garten –
   der wohl um sein Leid gewusst – endlich zu erwarten.

9. Gottes Kinder säen zwar traurig und mit Tränen;
   aber endlich bringt das Jahr, wonach sie sich sehnen.
   Denn es kommt die Erntezeit, wo sie Garben machen;
   da wird all ihr Gram und Leid lauter Freud und Lachen.

10. Ei so fass, du Christenherz, alle deine Schmerzen!
    Wirf sie fröhlich hinterwärts! Lass des Trostes Kerzen
    dich entzünden mehr und mehr! Gib dem großen Namen
    deines Gottes Preis und Ehr! Er wird helfen! Amen.

Fragen: Welche Hilfen, welchen Trost kann Paul Gerhardt weitergeben, weil er selbst schwere und traurige Zeiten erlebt hat?

Vers 1:

_____

_____

Vers 2:

_____

_____

Vers 3:

_____

_____

Vers 4:

Vers 5:

Vers 6:

Vers 7:

Vers 8:

Vers 9:

Vers 10:

KAPITEL 7

Sind Mütter an allem schuld?

Ruth Heil schreibt in ihrem Freundesbrief:
»›Was habe ich nur verkehrt gemacht?‹, so fragt mich eine
Mutter mit Tränen in den Augen. Ihr sonst so liebenswürdiges
Gesicht wirkt jetzt vergrämt vor Traurigkeit um ihre Teenager-
tochter.

Ein andermal fragt mich bedrückt eine Oma: ›Wieso ist mein
Enkel in diese schlimmen Kreise geraten? Wir haben uns doch
immer liebevoll um ihn gekümmert!‹ Der Schmerz um den
Siebzehnjährigen bricht der Großmutter fast das Herz.

Eine andere Mutter klagt: ›Unsere Tochter hat sich scheiden
lassen! Warum konnte ich das nicht verhindern? Ich weine Tag
und Nacht, weil ich ihren Schmerz sehe!‹

So ist es: Ein Fünfzehnjähriger nimmt Drogen, ein Sechzehn-
jähriger dröhnt sich mit satanischer Musik zu, bis er sozial auf-
fällig wird. Und immer leiden Mütter.

Früher waren es die Kümmernisse anderer Frauen – heute
kenne ich sie aus meinem eigenen Erleben mit meinen Kindern.
Vor Jahren hätte ich diesen Frauen Trost zugesprochen, ihnen
Mut gemacht, mit ihnen und für sie gebetet – was ich auch heute
noch tue. Doch eines hat sich total verändert: Ich denke nicht
mehr: ›Was ist dort nur schiefgelaufen?‹ Denn seit ich selbst
Mutter von Teenagern und jungen Erwachsenen bin, fühle ich
ganz anders mit diesen Müttern und leide mit ihnen. Ich emp-
finde ihren tiefen Schmerz, etwas aushalten zu müssen, ohne
wirklich helfen zu können.

Der Gesellschaftstrend läuft ja heute darauf hinaus, dass
Mütter für alles verantwortlich gemacht werden, wenn es bei ihren Kindern nicht so läuft, wie erwartet. Man braucht dann

nämlich einen Schuldigen. Und in der Mutter, die ihre Kinder liebt, findet man immer einen. Sie gab und gibt ihr Bestes und stößt dabei an die Grenzen ihrer eigenen Belastbarkeit. Gerade diese Mütter sind besonders verletzlich für solche Beschuldigungen.

Eine Mutter erzählt:

›Meine Tochter fiel nach einer schweren Enttäuschung immer stärker in Magersucht. Wenn sie gelegentlich zu Besuch kam – sie übte zu dieser Zeit schon lange ihren Beruf aus – äußerte ich meine Sorgen über ihr schlechtes Aussehen, das immer schlimmer wurde. Bei einer schweren Gesundheitskrise wurde sie sogar ins Krankenhaus eingeliefert und kam stationär in intensive psychotherapeutische Behandlung. Nach Wochen wurde ich zu einem Gespräch zu den Therapeuten geladen. Ich erhoffte Erklärungen und Hinweise, um nach der Entlassung effektive Hilfestellung geben zu können. Statt eines Gesprächs aber bekam ich die Schuldzuweisung: ›Ihre Tochter wurde nie geliebt!‹

Äußerlich und innerlich brach ich zusammen. Es ist für mich ein Wunder, dass ich in dieser Verfassung heil nach Hause kam. Danach begann für mich eine Zeit depressiver Verstimmungen, die mich bei jeder Arbeit blockierten. Ich hatte den Eindruck, als Mutter völlig versagt zu haben. Dass meine Tochter nicht gemerkt haben sollte, dass ich sie liebte, war mir unfassbar. Obwohl unsere anderen Kinder mich liebevoll aufbauten und mir versicherten, dass das niemals stimmen konnte, war ich auf die Aussagen der Therapeuten fixiert.

Auch unsere Ehe kam in eine Krise. Mein Mann versicherte mir, wie unsinnig das Gesagte war, doch ich glaubte ihm nicht. Ich war mir selbst fremd, am Boden zerstört, zutiefst verletzt, sodass wir uns auch als Ehepaar auseinanderlebten.

Nach Monaten des Leids schenkte mir Gott durch die Aussage einer Frau endlich einen neuen Blick: ›Manchmal glauben wir der Stimme der Schlange mehr als der Stimme Gottes!‹

Dadurch entdeckte ich, wie sehr ich mich mit Worten identifiziert hatte, die nicht stimmten. Langsam konnte ich wieder mein Haupt erheben und Zuversicht gewinnen.‹

Genauso ist es: Wir werden als Mütter und als Väter natürlich nicht alles richtig machen. Wir sind und bleiben fehlerhaft. Als eines unserer erwachsenen Kinder mir vorhielt, wie sehr es unter einer Entscheidung von mir gelitten hatte, bat ich es um Vergebung. Ich erklärte ihm auch: ›Heute würde ich anders handeln. Damals aber hatte ich den Eindruck, dieser Weg wäre der richtige. Mir fehlte die Erkenntnis, die ich heute habe!‹ Wir haben in unserem Leben keine andere Wahl, als genau die Entscheidungen zu treffen, die wir zu dem entsprechenden Zeitpunkt für die besten halten.

Leider können wir auch unsere Kinder nicht vor manchen falschen Entscheidungen bewahren. Aber wir sollen, wenn möglich, mit ihnen darüber reden und sie warnen! Nicht nur wir Mütter tragen Verantwortung, sondern auch die Väter! Sehr zu bedauern ist, dass oft die Väter fehlen, was für ihre Kinder immer ein Verlust ist. Unsere erwachsenen Kinder sind jedoch selbst verantwortlich für ihr Tun und Lassen. Auch Teenager tragen schon Mitverantwortung für ihre Entscheidungen. Sie haben ein Gewissen und sind ab einem bestimmten Alter fähig, auf Gottes Stimme zu hören und sich für das Gute oder das Schlechte zu entscheiden. So können sie in ihrem Inneren ihre eigene Richtung bestimmen, sind für die Folgen dann aber auch selbst verantwortlich.

Für die Mütter heißt das: lebenslang warten, beten und vertrauen. Monate trugen wir unsere Kinder unter dem Herzen. Lebenslang bewohnen sie unser Herz. Gottes Absicht für uns Mütter ist es nicht, dass unser Herz daran zerbricht, sondern dass wir im Vertrauen auf ihn niemals aufhören, für unsere Kinder zu glauben und zu hoffen.

Als mir eine Oma ihr Leid um ihr Enkelkind klagte, konnte ich ihr antworten: ›Möglicherweise hat Gott gerade Sie als

Großmutter ausgesucht, damit dieser Junge nicht verloren geht. Denn Gott wusste, dass Sie für ihn mit aller Kraft beten würden, weil sie ihn so sehr lieben!‹

Ob Gott uns deshalb manches Kind anvertraut hat, weil er dessen schwierige Wege im Voraus sah? Weil er wusste, wie unsere Liebe uns dazu treiben würde, besonders für dieses Kind zu beten?

Jesus erzählt uns in Lukas 15 das Gleichnis vom verlorenen Sohn. Wir sehen darin, wie Gott alle Anteile von Väterlichkeit und Mütterlichkeit in sich trägt. Durch den Propheten Jesaja sagt er auch: ›Ich will euch trösten wie einen seine Mutter tröstet!‹ (Jesaja 66,13). Deshalb dürfen wir als Mütter aus diesem Gleichnis lernen: Der Vater entlässt den Sohn in die Freiheit. Er bewahrt ihn nicht vor Fehlentscheidungen. Sicher leidet er bei dessen falschen Wegen. Er lässt ihn in schweren Zeiten anscheinend alleine ›strampeln‹. Doch eines zeichnet diesen Vater sehr mütterlich aus: Er steht unentwegt an der Tür und wartet – wartet auf sein Kind. Sobald er seinen Sohn heimkommen sieht, läuft er ihm freudig entgegen und schließt ihn voller Liebe in seine Arme.

Mögen wir Mütter unentwegt an der Tür zu Gottes Vaterherzen stehen, um für unsere Kinder zu beten und im Vertrauen auf Gott zu wissen: Sie werden eines Tages den Weg nach Hause finden!

Wenn wir Mütter unsere Kinder schon so sehr lieben, wie viel mehr muss Gott sie lieben, der sie erschaffen hat! Wir haben einen wunderbaren Verbündeten, wenn wir für unsere Kinder beten. Er wird sie ganz besonders bevorzugen! Er wird antworten und handeln, jedoch zu seiner Zeit.«

Als ich diesen Freundesbrief von Ruth Heil gelesen hatte, war ich getröstet und sagte zu mir: »Siehst du, andere Mütter erleben das Gleiche wie du!« Ungern erinnere ich mich an die Zeit, als meine Kinder Teenager und junge Erwachsene waren, mich viel kritisierten und nörgelten. Sie waren sich einig, ich habe sie falsch erzogen, ihnen viel zu wenig Taschengeld gegeben und zu oft ihre Freiheit beschränkt. Das hat mich tief verletzt. Ihre gemeinsame Kritik waren Schläge auf mein armes Haupt. Da vermisste ich schmerzlich meinen zu früh verstorbenen Mann, der mich in Schutz hätte nehmen können und vielleicht gesagt hätte: »Wie redet ihr mit eurer Mutter, die euch geboren hat?« Vielleicht habe ich aber auch manchmal auf die »Stimme der Schlange« gehört, die mir Lügen einflüstern wollte. Ich habe gelernt: Es ist wichtig, dass wir uns immer wieder Gottes Wahrheit vor Augen halten. Er verdammt uns niemals!

Als sie dann verheiratet waren und eigene Kinder hatten, hörte ich ganz andere Töne: »Wie hast du es nur geschafft, sechs Kinder ohne unseren Vater zu erziehen? Wir sind manchmal schon durch unsere zwei Kinder am Ende mit unseren Nerven!« Solche anerkennenden Bemerkungen taten meinem Mutterherzen wohl.

Impulse zum Nachdenken und für Gruppengespräche

1. *Gebet:*
Vater im Himmel, du weißt, wie mein Herz fast zerbricht am Schmerz um mein Kind. Ich fühle mich unendlich hilflos und verzweifelt, weil ich keine Möglichkeiten sehe, ihm zu helfen. Doch ich will dir neu vertrauen, dass du meine Gebete hörst und erhörst. Auf diesem selbstgewählten Weg, den mein Kind jetzt geht, wirst du ihm begegnen und mit ihm sprechen. Hilf mir, im Vertrauen auf dich daran festzuhalten, dass du mein Kind wieder in deine Nähe führen wirst, auch wenn ich noch nichts davon sehe. Amen.

2. *Merke:*
Wir machen Fehler. Doch wir dürfen mit Gottes Vergebung rechnen. Der schwerste Fehler ist, uns selbst nicht zu vergeben und zu verzweifeln. Dann werden wir nämlich für niemanden eine Hilfe sein.

Rudolf Schäfer: Der verlorene Sohn kehrt heim

3. *Fragen zu Lukas 15,11-32*

☼ *Stellen Sie sich vor, Sie wären der verlorene Sohn! Wie würden Sie sich fühlen, wenn Sie zum ersten Mal Ihren Vater wiedersähen?*

☼ *Wie hätten Sie sich anstelle des Vaters bei der Rückkehr Ihres Sohnes verhalten?*

☼ *Wie hätten Sie sich gefühlt, wenn Sie der ältere Bruder gewesen wären?*

☼ *Welche der Eigenschaften des Vaters brauchen Sie am meisten?*

☼ *Was würden Sie feiern, wenn Sie ein Fest veranstalteten, um das Schönste und Beste in Ihrer Familie zu feiern?*

☼ *Wo höre ich der »Stimme der Schlange« zu und habe Gefühle der Verurteilung gegenüber mir selbst und anderen? Kann ich glauben, dass mich der liebende Vater immer wieder mit offenen Armen empfängt?*

☼ *Wie sieht Ihre Beziehung zu Gott in letzter Zeit aus?*

KAPITEL 8

Der 15. Mai

Seit Jahren leite ich Bade- und Studienreisen ans Tote Meer in Israel. Die meisten Teilnehmer möchten gern beides erleben: Heilung ihrer Gelenke oder Haut durch die mineralhaltige Luft und vor allem durch das Salzwasser im Toten Meer, aber auch Vertiefung ihres Glaubens durch den Besuch der heiligen Stätten. Bewährt und finanziell günstig ist immer der Aufenthalt im Hotel Lot, das direkt am Strand gelegen ist; von dort aus unternehmen wir auf Wunsch der Teilnehmer Fahrten ins Heilige Land. So können wir vor dem Tagesausflug oft kurz im Salzwasser »schweben« oder nach der Rückkehr noch einmal ein heilendes Bad genießen.

Nun habe ich wieder eine solche Israelreise geplant. Aber diesmal höre ich von allen Seiten Warnungen: »Wie könnt ihr in ein so unsicheres Land reisen? Die Nahostkrise ist noch lange nicht gelöst. Immer wieder gibt es Terroranschläge! Hannelore, wie kannst du das verantworten, wenn euch dort etwas Schlimmes passiert? Du wirst deines Lebens nie mehr froh werden!«

Auf einmal hat auch mich Furcht ergriffen, und ich kann nicht mehr entspannt schlafen. Ein Angsttraum: Wir fahren im Bus über Land und werden von Terroristen in einem kleinen Auto halb überholt. Sie sprengen sich direkt an unserer Seite in die Luft! Ein Schreckensbild! Deshalb höre ich täglich sehr gespannt die Nachrichten. Von Terroranschlägen in Israel wird nichts berichtet, allerdings von Raketen und Angriffen am Gazastreifen – weit entfernt vom Toten Meer. Soll ich die Israelreise abblasen? Dieser Gedanke beschäftigt mich Tag und Nacht. Fast ständig bete ich: »Vater im Himmel, was soll ich nur machen?«

Zum Glück treffe ich auf einer Tagung den Journalisten Ludwig Schneider aus Jerusalem. Mit ihm bespreche ich ausführlich mein Problem. Er meint zuversichtlich: »Am Toten Meer seid ihr absolut sicher! Und für eure Ausflüge müsst ihr sowieso einen israelischen Reiseleiter nehmen. Diese sind stets bestens informiert und bringen Touristen nie an gefährliche Orte.« Das beruhigt mich.

Danach besuche ich mal wieder meine Lieben in Mannheim. Beim Mittagessen erzählt mir meine Schwiegertochter Christiane besorgt: »Jetzt hat unsere Leonore auch Neurodermitis! Es ist zwar nicht so schlimm wie bei Antonia; aber es juckt, und sie kratzt sich ständig!«

Ich antworte leichtfertig: »Dann nehme ich meine beiden Enkelinnen mit ans Tote Meer!«

»Wann reist ihr?«, fragt Christiane.

Ich nenne das Datum, und sie schaut in den Terminkalender: »Ach du liebe Zeit, da haben die Kinder gerade Ferien!«

»Was?«

Wir schauen uns verblüfft an. Auch mein Sohn Markus prüft das Datum, schaut fragend seine Frau an und verkündet vergnügt: »Gut! Dann fahren wir Eltern auch mit ans Tote Meer!« Großer Jubel!

Wieder daheim kann ich mich gar nicht mehr darüber freuen. Die Last der Verantwortung drückt mich nieder: »Wenn meinen Lieben etwas passiert, bin ich schuld daran!« In der Nacht schlafe ich wieder schlecht und bin innerlich sehr unruhig. »Vater im Himmel, ich brauche dringend deine Führung! Bitte sprich ein klares Wort!«, bete ich ständig.

Am nächsten Morgen ist der 15. Mai. Wie so oft schlage ich das Andachtsbuch *Kleinode göttlicher Verheißungen* von C.H. Spurgeon auf und lese da den Tagestext: »Er kennt meinen Namen, darum will ich ihn schützen« (Psalm 91,14). »Was?«, rufe ich aus, »wer ist ›er‹? Gilt diese Verheißung auch für mich? Ich bin doch eine ›sie‹! Ja, ich kenne dich, lieber Gott!«

Da meine ich etwas humorvoll zu hören: »Meine Tochter, seit wann rede ich nur zu Männern?«

»Klar! Dann kann ich also lesen: Sie kennt meinen Namen, darum will ich sie schützen. Aber wir sind eine Gruppe, darunter auch meine Lieben! Also sagst du zu uns: Sie kennen meinen Namen, darum will ich sie schützen?«

»Ja!«

»Danke! Ich verlasse mich auf deine Verheißung!«

Ich springe auf und singe: »Danke, mein Vater, für alles was du schenkst! Danke, dass selbst im Kleinsten du heute an mich denkst! Danke, dass Beten an offne Ohren dringt ...« Dann lese ich noch weitere Verse aus Psalm 91, der überschrieben ist mit: unter Gottes Schutz: »Es wird dir kein Übel begegnen, und keine Plage wird sich deinem Hause nahen. Denn er hat seinen Engeln befohlen, dass sie dich behüten auf allen deinen Wegen«. Nun bin ich aufs Tiefste beruhigt und treffe voll froher Erwartung alle Vorbereitungen für unsere Gruppenreise.

Genauso wie Gott versprochen hat, verläuft dann auch unser Aufenthalt in Israel: Wir erleben im ganzen Land Frieden pur. Auch innerhalb unserer Gruppe gibt es keine Probleme, obwohl die Teilnehmer sehr verschieden geprägt sind. Meine Enkelinnen fühlen sich pudelwohl. Ihr Hautausschlag verschwindet völlig. Bei den Erwachsenen gehen durch das heilende Wasser spürbar rheumatische Beschwerden zurück. Ich denke dankbar: Aus Fluch wurde Segen! Das Tote Meer hängt irgendwie mit Gottes Gericht über die sündigen Städte Sodom und Gomorrha zusammen. So ist aus dem damaligen Fluch heute ein Segen für so viele Menschen geworden, die Heilung brauchen.

Auch ich habe, obwohl ich schon oft in Israel war, etwas für mich ganz Neues entdeckt, nämlich im Timna-Tal in der Wüste, etwa 25 Kilometer nördlich von Eilat. Dort befindet sich eine bibelgetreue Nachbildung der Stiftshütte, des »Zeltes der Begegnung« zwischen Gott und seinem Volk, des Heiligtums auf der Wüstenwanderung des Volkes Israel. Immer, wenn ich die

Beschreibung in 2. Mose 25-30 gelesen habe, war ich etwas befremdet und konnte nie viel damit anfangen. Aber jetzt, wo ich sie mit eigenen Augen sehe, geht mir mehr und mehr ihre prophetische Bedeutung für uns Christen auf.

Ehrfürchtig betrete ich das Gelände. Der abgeschirmte große Vorhof ist für die Gläubigen ein Ort der Vorbereitung auf die Begegnung mit Gott. Auch wir brauchen solche Orte. Der Brandopferaltar vergegenwärtigt mir das Feuer der Gerechtigkeit Gottes, vor dem kein Mensch bestehen kann, aber auch sein brennendes Erbarmen mit uns Sündern. Ein Hinweis auf Jesus, der das endgültige Opfer stellvertretend für uns gebracht und uns mit Gott versöhnt hat. Das eherne Waschbecken ist für die Priester, damit sie in Reinheit ihren Dienst ausüben, was auch für uns Gläubige gilt. Und das geheimnisvolle Goldene Zelthaus, nur erhellt vom Licht des siebenarmigen Leuchters, der wohl ein Hinweis auf den siebenfachen Gottesgeist ist, daneben der vergoldete Rauchopferaltar zum Beten und der Tisch mit den zwölf Broten – alles weist auf die Begegnung mit dem heiligen Gott hin und hat eine tiefe Bedeutung.

Dann wird mir der Vorhang ins Allerheiligste geöffnet. Staunend stehe ich vor der Bundeslade und höre Worte aus Hebräer 10,19-22: So haben wir das freie Zutrittsrecht zum Heiligtum Gottes durch Jesu Opfertod … Was hier auf der Erde nur symbolisch angedeutet werden kann, das werden wir dann im himmlischen Heiligtum in unvorstellbarer Herrlichkeit erleben!

Nach zwei Wochen Aufenthalt im Heiligen Land kommen wir alle körperlich und auch innerlich erneuert wieder gut daheim an. Der Besuch der biblischen Orte war für uns alle ein echtes Erlebnis! An diesen heiligen Stätten wird nämlich das gelesene Bibelwort ganz anders lebendig und plastisch vorstellbar.

Gott hat sein Versprechen gehalten, uns in Israel zu beschützen, und hat auf verschiedene Weise väterlich zu uns geredet, uns geheilt und sich offenbart.

Impulse zum Nachdenken und für Gruppengespräche

Fragen

☼ *Wann und wie habe ich erlebt, dass Gott durch sein Wort zu mir geredet hat?*

☼ *Gibt es für mich Orte der Begegnung mit dem dreieinigen Gott?*

☼ *Woran merke ich, dass ihm sehr viel daran liegt, mir zu begegnen und eine persönliche Beziehung mit mir zu haben?*

Ja, Herr, sprich zu mir! Ich höre zu.
Lass mich jeden Morgen aufwachen
mit dem Verlangen,
dich zu hören. Lass mich begierig darauf horchen,
was du mir zu sagen hast.

Nach Jesaja 50,4

Im Dank bewahrt der Mensch die Hilfe,
die er gestern erfahren hat,
vertrauensvoll auf für die Anfechtungen,
die ihn bereits morgen wieder bedrängen können.

Klaus Lubkoll

KAPITEL 9

Da hörte ich Gott zu mir reden

Bei einem Besuch in der Stadtmission sprach mich eine ältere Frau an: »Ich freue mich, Sie endlich kennenzulernen, Frau Risch, denn ich habe einige Bücher von Ihnen gelesen. Daraus schließe ich, dass Sie eine erfahrene Seelsorgerin sind. Übrigens ist mein Name Elisabeth L.« Ich schaute sie an und merkte, dass sie eine helle und warmherzige Ausstrahlung hat. »Und was ist Ihr Problem?«, fragte ich sie.

Sie antwortete: »Ich habe neuerdings einen freundschaftlichen Kontakt zu einer jüngeren Frau, die schwere Depressionen hat und in ärztlicher Behandlung ist. Könnten Sie mal seelsorgerlich mit ihr reden?« Ich dachte darüber nach, erfragte Näheres und sagte dann ehrlich: »Liebe Frau L., ich glaube, ich muss Sie leider enttäuschen, es ist nämlich nicht meine Stärke, depressiv Kranken helfen zu können. Doch ich werde für Ihre neue Freundin beten. Aber fragen Sie doch bitte Prediger Rainer Wagner! Ich schätze, er ist wohl der Richtige, um Hilfestellung zu geben. Trotzdem würde ich gern wissen, wie Sie diese depressive Frau kennengelernt haben!«

Wir setzten uns in eine ruhige Ecke und Elisabeth L. erzählte mir anschaulich: »Ich musste wegen einer Herzuntersuchung ins hiesige Krankenhaus, durfte aber aufstehen und umhergehen. So ging ich auch in den Aufenthaltsraum und sah mich um. Dort saßen einige Patienten und Besucher, die sich unterhielten oder in Zeitschriften blätterten. Da fiel mein Blick auf eine stille Frau in der Ecke. Gebückt saß sie im Sessel und starrte bewegungslos auf einen kleinen Zettel in ihrer Hand. Was mochte wohl darauf stehen? Ihre Miene war unendlich traurig. Sie nahm ein Taschentuch und wischte sich die Augen. ›Was geht's mich an? Man soll sich nicht in anderer Leute Angelegenheiten mischen!‹, dachte ich.

Da hörte ich meinen Mann, ging schnell nach draußen und mit ihm in mein Krankenzimmer. Er hatte mir auf meine Bitte von den Marburger Medien Kleinschriften, christliche Grußblätter und hübsche Kärtchen mitgebracht. Diese wollte ich im Krankenhaus an geeigneten Stellen zum Mitnehmen auslegen.

Als ich dann meinen Mann verabschiedet hatte und die Mitbringsel näher betrachtete, war es mir, als würde mir jemand leise auf die Schulter tippen und mich an die traurige Frau erinnern. ›Ach was! Sie ist sicher nicht mehr im Aufenthaltsraum! Aber ich könnte ja mal nachsehen!‹, dachte ich. Tatsächlich! Da saß sie immer noch bewegungslos in der Ecke und starrte auf den Zettel. Ich ging auf sie zu, aber sie schaute nicht auf. So wagte ich auch nicht, sie anzusprechen, und ging wieder zurück in Richtung meiner Station. Doch unterwegs spürte ich deutlich den Drang umzukehren. ›Geh zu ihr!‹, meinte ich innerlich zu hören. ›Aber ich kenne sie doch gar nicht!‹, wehrte ich mich und ging mit einem zwiespältigen Gefühl weiter in mein Zimmer. Dann wieder dieser Gedanke: ›Elisabeth, du bist dran! Sprich sie an!‹ War es Gottes leise Stimme? Ich überlegte: ›Warum ausgerechnet ich? Schick doch jemand anderen, Herr!‹ Aber ich bekam keinen inneren Frieden, bis ich endlich umkehrte. Hoffentlich war die Frau inzwischen weggegangen! Nein, sie saß immer noch auf dem gleichen Platz, war aber hoffnungslos in sich zusammengesunken. Sie wirkte nicht ansprechbar. So gab ich mir innerlich einen Ruck und fragte: ›Entschuldigung! Warten Sie auf jemand?‹ Sie schaute auf. Ach, was für ein unendlich trauriges Gesicht. ›Nein!‹, antwortete sie leise und befangen, ›ich benötige eine Überweisung für einen bestimmten Arzt in Karlsruhe. Ich war jetzt eine Woche ergebnislos wegen schlimmen Herzproblemen hier im Krankenhaus …‹

Ich spürte, wie ihre Traurigkeit auf mich überschwappen wollte und mich beklemmte. Ich musste mir ein Herz nehmen und fragte: ›Darf ich mich ein wenig neben Sie setzen?‹ Als Antwort bekam ich nur eine einladende Handbewegung. Wir machten uns gegenseitig bekannt. Dann fuhr ich mutig fort: ›Ich bin Christin! Mir bedeutet Jesus Christus sehr viel. Ich denke, er kann Ihnen helfen!‹ Als sie den Namen Jesus hörte, wurde ihr Gesicht hell. Sie schien ihn zu kennen. So wurde ich mutiger: ›Darf ich Ihnen ein Grußblatt holen?‹ Sie nickte und ich eilte in mein Zimmer. Betend suchte ich eines aus und überreichte es ihr. Wir betrachteten zusammen die bunten Zeichnungen:

Eine Frau im ersten Weltkrieg trug eine schwere Last auf ihrem Rücken. Sie musste zu Fuß gehen und stöhnte: ›Wenn nur jemand käme und mich mitnähme!‹ Da tauchte zum Glück hinter ihr ein Fuhrwerk auf und hielt an. Der Fuhrmann lud sie ein mitzufahren. Gern stieg sie mit ihrem schweren Tragekorb auf, und die Fahrt ging weiter. Nach einer Weile hörte er die Frau hinter sich stöhnen und wandte sich um. Was sah er da? Die gute Frau hatte ihren Tragekorb auf dem Rücken behalten! ›Warum stellt Ihr denn Eure Last nicht ab?‹, fragte er. ›Ach‹, antwortete sie verlegen, ›ich bin ja so dankbar, dass ich mitfahren darf. Meinen Korb schaffe ich schon noch. Der soll Euren Pferden nicht auch noch zur Last fallen.‹ Der Fuhrmann lachte: ›Liebe Frau, ob Ihr Euren Korb auf dem Rücken habt oder auf den Wagen stellt, ist für meine Pferde gleich. Aber für Euch wird es leichter, wenn Ihr ihn abstellt.‹ Da ging der Frau ein Licht auf. Wie konnte sie ihre Last so lange unnötig tragen? Tja!

Jetzt sah ich ein gequältes Lächeln auf dem Gesicht meiner Zuhörerin. Aber dann wurde sie gleich wieder ernst und gestand: ›Es ist meine eigene Geschichte: In meinem Leben hat sich eine Menge Ballast angehäuft. Ich habe oft falsch reagiert. Ach, hätte ich doch nur anders gehandelt! Glauben Sie mir, Frau L., ich bin bestimmt nicht gottlos. Deshalb bin ich auch mal in die Kirche gegangen. Ich wollte eigentlich meine Last dort abladen. Doch es war mir alles so fremd und unpersönlich. Ich ging genauso belastet wieder heim!‹‹‹

Dann berichtete mir Elisabeth L. weiter, dass sie beide ihre Telefonnummern und Adressen ausgetauscht hatten und dass sie der neuen Bekannten ihre Missionsgemeinde und ihren Prediger als Seelsorger empfohlen hatte. Seitdem trafen sie sich immer wieder und schlossen miteinander herzliche Freundschaft.

Nach einigen Monaten begegnete ich zufällig wieder Elisabeth L. Jetzt erzählte sie mir begeistert: »Stellen Sie sich vor, Frau Risch, diese früher so traurige Frau ist inzwischen total verändert. Nicht mehr wiederzuerkennen! Sie wirkt befreit, entlastet, sogar lebensfroh und ist vielseitig tätig. Jetzt kann sie auch wieder von ganzem Herzen lachen – ein Zeichen ihrer Gesundheit. Sie konnte ihre Therapie beenden und hat sichtlich einen neuen Lebensabschnitt begonnen. Nun kommt sie sogar in unsere Bibelstunde und hat da erzählt, dass sie ihre Lasten am Kreuz von Jesus abgeladen hat: innere Verletzungen und seelischer Schmerz, Kränkungen, die sie krank machten, ihr jahrelanges Nachtragen, bittere Enttäuschungen, Unversöhnlichkeit …!«

»Aha, Altlasten, die sie seelisch und körperlich krank gemacht haben!«, fügte ich hinzu.

Elisabeth fuhr fort: »Aber jetzt ist sie gesund! Ihr katholischer Mann merkte sogleich die Veränderung seiner Frau, war aber zuerst misstrauisch und meinte, sie ginge in eine Sekte. Prüfend kommt er jetzt mit ihr in unsere Gottesdienste und hat nun auch mit meinem Mann Freundschaft geschlossen.«

»Und das alles«, fügte ich froh hinzu, »weil Sie damals auf Gottes leises Reden gut gehört haben. Er hatte nämlich längst dieses Ehepaar im Auge und wollte es für sein Reich gewinnen. Auch wusste er genau: Elisabeth L. gehorcht mir, wenn ich sie schicke!«

Dann fragte ich noch: »Geben Sie und auch Ihre neue Freundin mir die Erlaubnis, dieses wunderbare Zeugnis aufzuschreiben? Ich bin nämlich sehr davon beeindruckt!«

Gerne willigten sie ein.

Impulse zum Nachdenken und für Gruppengespräche

1. Die Bibelstelle 2. Mose 3,1-14 lesen und mit oben stehendem Erlebnis vergleichen: Was ist anders, was ist ähnlich?

2. Wann haben Sie schon einmal auf Gottes leises Reden gehört und sind auf einen Menschen zugegangen? Welche Erfahrung haben Sie gemacht?

3. Jedem Teilnehmer Kleinschriften schenken, bzw. sie aussuchen lassen.
Adressen für Traktate:
Stiftung Marburger Medien
Am Schwanhof 17, 35037 Marburg, Tel. 06421/1809-0
Schriftenmission, Ev. Diakonissenring
Elsa-Brändström-Str.10, 72555 Metzingen
Evangelische Marienschwesternschaft
Postfach 13 01 29, 64241 Darmstadt

4. Was will ich am Kreuz abladen?

Johannes Risch

5. Gebet

Herr Jesus Christus, ich bringe dir alles, was in meinem Leben ver-kehrt war und zurzeit in deinen Augen nicht so ist, wie du es möch-test:

Auch habe ich denen nicht verziehen, die mich verletzt und ent-täuscht haben:

Lange genug habe ich mich damit abgequält. Jetzt lade ich meine ganze Schuld bei dir ab.
Dein Wort sagt mir, dass du sie mit deinem Blut bezahlt hast durch deinen Tod am Kreuz. Danke für deine Vergebung. Ich will auch denen vergeben, die mir wehgetan haben und ihnen nichts mehr nachtragen. Steh mir bei und heile mich innerlich! Amen.

Das Kreuz setzt dir zu, nicht damit du darunter
verkommst, sondern dass du lernst,
Gott zu vertrauen. Denn Gott vertrauen
ist keine Kunst, wenn alles wohl geht.

Martin Luther

KAPITEL 10

Verschlossene und offene Türen

Als junges Pfarrersehepaar wohnten wir in einem großen, alten Pfarrhaus mit vielen Zimmern. Wir waren voller Schwung und setzten uns beide mit Hingabe in der Gemeindearbeit unserer Dörfer Dörrmoschel, Teschenmoschel und Spreiterhof ein. Natürlich wünschten wir uns in unserer Ehe mehrere Kinder. Schließlich stammten wir beide aus kinderreichen Pfarrersfamilien und hatten trotz des Krieges und der bettelarmen Nachkriegszeit eine glückliche Jugend erlebt. Doch bald kam der erste Schlag: eine sehr frühe Fehlgeburt. Wir trauerten unserem winzigen Kindchen nach, das wir nie gesehen hatten. Es wurde im Krankenhaus entsorgt, was mir sehr wehtat. Erst, als ich bald darauf wieder schwanger wurde, war ich getröstet und voller Hoffnung. Wie freuten wir uns und beteten, dass es gesund auf die Welt kommen würde! Doch nach einigen wenigen Wochen bekam ich Blutungen, und wir verloren auch unser zweites Kind. Ich machte Gott Vorwürfe: »Unzählige Mütter treiben ihre ungeborenen Kinder ab, und wir, die wir uns sehnlichst ein Kind wünschen, erleben jetzt die zweite Fehlgeburt!«

Noch schlimmer kam es, als der Frauenarzt mir eröffnete: »Frau Risch, Sie werden wohl nie lebende Kinder auf die Welt bringen, sondern voraussichtlich eine Fehlgeburt nach der anderen haben!« Ich war tief bekümmert und weinte die ganze Nacht hindurch. Auch mein Mann konnte mich nicht trösten. Als ich wieder zu Hause war, empfand ich hoffnungslose Trauer und fragte: »Vater im Himmel, du bist doch der Vater aller Kinder, der allerkleinsten und auch der großen! Muss ich meinen Kinderwunsch begraben? Werde ich nie eine glückliche Mutter sein?« Ich war körperlich und seelisch am Boden zerstört. Da nahm ich einen Klumpen Ton und modellierte eine sitzende Mutter mit einem breiten Schoß, die ihr Neugeborenes in den Armen hält und ihren Kopf ihm liebevoll zuneigt. Damit nahm ich schweren Herzens Abschied vom Muttersein.

Doch der Schöpfer wollte es anders. Zum Glück wurde ich wieder schwanger. Nun war ich sehr vorsichtig, bekam Hormone und blieb unter ärztlicher Betreuung. Das Kindchen entwickelte sich prächtig und kam dann im Krankenhaus von Rokkenhausen auf die Welt. Allerdings war es eine viele Stunden dauernde und sehr schwierige Niederkunft. Unser erstgeborener Sohn! Beinahe hätte er seine Geburt nicht lebend überstanden.

Wieder daheim saßen wir Eltern überglücklich am Babykorb und betrachteten unseren Sohn. Da sagte mein Mann: »Bei den Israeliten im Alten Testament gehörten die erstgeborenen Söhne, die den Mutterschoß durchbrochen haben, in besonderer Weise Gott, um ihm zu dienen. So wollen wir ihm auch unseren erstgeborenen Sohn Johannes für den Dienst in seiner Gemeinde übergeben!« Wir taten es im Gebet, sprachen aber nie mehr davon. Auch redete ich später nach dem Tod meines Mannes mit keinem Menschen darüber, nicht einmal mit Johannes. Er sollte sich selbst entscheiden und sich durch unser Versprechen nicht eingeengt fühlen. Darum blieb es ein mütterliches Geheimnis zwischen Gott und mir.

Johannes war ein kräftiges, besonders gesundes Baby, weil ich ihn fast ein Jahr lang stillen konnte. In der Schule war er in Mathematik hervorragend, im Zeichnen und Malen künstlerisch begabt, nur beim Sport (außer beim Tischtennis) viel zu langsam. Besorgt dachte ich: »Er ist halt langsam auf die Welt gekommen! Wird er auch langsam durchs Leben gehen?« Und so kam es auch! Doch mit der Zeit lernte ich: Die Langsamkeit hat ihre eigene Qualität!

Nun soll Johannes selbst berichten:

»Als Sohn eines Pfarrers wuchs ich im Glauben an Gott auf. Unsere Mutter las uns vor dem Einschlafen aus der Kinderbibel vor, ich besuchte den Kindergottesdienst und die Jungschar. Als ich zwölf Jahre alt war, starb mein tiefgläubiger Vater mit 43 Jahren an Krebs, und meine Mutter wurde mit 36 Jahren Witwe. Um mich vier lebhafte, jüngere Brüder und eine Schwester! Als Ältester hatte ich irgendwie die Verantwortung für meine Geschwister, fühlte mich aber gleichzeitig überfordert. Nach wilden Spielen im Gelände verkroch ich mich am liebsten in meine Bücherwelt und wurde mit der Zeit recht eigenbrötlerisch. Mit Begeisterung las ich sämtliche Karl-May-Bände, derer ich habhaft werden konnte; manchmal sogar heimlich noch am späten Abend. Dadurch schrieb ich alle Diktate und Texte fast fehlerfrei. Doch meine Begabung und mein Interesse waren vor allem im naturwissenschaftlichen Bereich. Dass Gott der Schöpfer von allem ist, habe ich nie bezweifelt. Die Wunder und die Vielfalt, auch die Ordnungen und Gesetzmäßigkeiten der Natur sind für mich keineswegs durch irgendwelche Zufälle zu erklären. Aber Gott als unseren guten Vater konnte ich nicht mehr akzeptieren, weil ich meinen eigenen Vater so früh verloren hatte. Dabei hatten wir und viele, die uns kannten, sehr für Papa gebetet, als er todkrank gewesen war. Ich distanzierte mich innerlich von Gott und meinte, wichtige Entscheidungen selbst treffen zu können, ohne ihn zu fragen. So entschied ich mich, Chemie zu studieren, weil ich da stets Klassenbester gewesen war. Meine Mutter sagte nichts dagegen, und mein Vater, den ich um Rat hätte fragen können, war nicht da.

Chemie hatte damals einen Numerus clausus, daher waren auch die anderen Chemiestudenten die Besten ihrer Klasse. Plötzlich war ich nur Mittelmaß. Die Zwischenprüfung bestand ich mit einer Drei; doch nur Absolventen, die mindestens eine Zwei im Abschluss hatten, konnten damit rechnen, einen guten Arbeitsplatz zu bekommen. Ich war tief enttäuscht, entwickelte eine Allergie gegen organische Lösungsmitteldämpfe – wohl psychosomatisch – und brach deprimiert das Studium ab. Mit Gelegenheitsjobs hielt ich mich einigermaßen über Wasser. Es war sehr notvoll. Weil ich die Miete nicht mehr zahlen konnte, verlor ich meine Wohnung. So musste ich in Kellern und auf Dachböden übernachten, bis mir dann ein Sozialarbeiter die Möglichkeit gab, in einem Haus zu wohnen, das irgendwann abgerissen werden sollte und deshalb nicht mehr vermietet wurde. Schämte ich mich? Meiner Mutter berichtete ich nichts von diesem miserablen Zustand; ich wollte sie nicht so sehr belasten und verriet ihr daher nicht meine Adresse. Deshalb beantragte ich auch keine Sozialhilfe; denn dann hätte sie mir einen Einkommensnachweis senden müssen und wäre mir auf die Spur gekommen.

Doch mein jüngster Bruder Lukas, der gerade eine Ausbildung als Sozialtherapeut machte, suchte mich überall in den Marburger Studentenkneipen und fragte nach mir. Ich war bekannt als ›der mit den langen Haaren, der wie Jesus aussieht, Schach spielt und nur Milch trinkt‹! Schließlich spürte er mich auf und holte mich heim. Mutter freute sich, dass sie ihren Erstgeborenen wieder in ihrer Nähe hatte. War ich ein verlorener Sohn?

Nun konnte ich mithilfe meiner Familie einen Neuanfang wagen: Ich besuchte die Evangelische Fachhochschule für Sozialarbeit und Sozialpädagogik in Ludwigshafen. Nach dem Studium konnte ich noch ein interessantes Berufspraktikum im Jugendamt von Kaiserslautern machen und wohnte in dieser Zeit gern im ›Hotel Mama‹. Danach bewarb ich mich intensiv bei Kommunen und Verbänden um eine Arbeitsstelle, denn ich wollte als Sozialarbeiter Menschen in schwierigen Lebenssituationen helfen. Nach fünf Monaten Arbeitslosigkeit und vielen Enttäuschungen bei Vorstellungsgesprächen war mein Vorrat an beglaubigten Kopien für die Bewerbungsunterlagen verbraucht. Natürlich war ich finanziell knapp und fragte meine Mutter, die Pfarrerin in Katzweiler war, ob sie mir Kopien beglaubigen könne. Sie meinte, pfarramtliche Beglaubigungen für den eigenen Sohn könnten problematisch sein und riet: ›Frag doch mal im Büro unseres Dekans nach!‹

Also fuhr ich nach Otterbach zum Vorgesetzten meiner Mutter, Dekan Gscheidle. Dort erklärte ich der Sekretärin: ›Ich benötige eine größere Anzahl von beglaubigten Kopien meiner Zeugnisse und kann es mir nicht leisten, hohe Gebühren zu bezahlen.‹ Nachdem sie mit ihrem Chef gesprochen hatte, sagte sie: ›Geben Sie mir mal alles her! Ich mach das schon! Der Dekan möchte Sie gern sprechen!‹ Herr Gscheidle fragte mich dann: ›Sind Sie ein Sohn von Pfarrerin Hannelore Risch?‹ Er wollte mehr über meine Ausbildung und Berufspläne wissen. Schließlich fragte er: ›Haben Sie sich schon in Lambrecht beworben?‹

›Soweit ich weiß, gibt es bei der Verbandsgemeinde Lambrecht keine freien Stellen!‹, antwortete ich.

›Die Kirchengemeinde Lambrecht sucht aber einen Gemeindediakon!‹

Wie bitte? War ich als Diplom-Sozialarbeiter dafür geeignet? Bei meinen beruflichen Plänen hatte ich eine Arbeit in einer Kirchengemeinde nie im Blick gehabt, obwohl ich schon als Chemiestudent ehrenamtlicher Mitarbeiter in der Evangelischen Jugend gewesen war und auch als Student der Sozialarbeit beim Stadtjugendpfarramt und beim Landesjugendpfarramt mitgearbeitet hatte. Auf Freizeiten hatte ich den Kindern anschaulich von Jesus erzählt. Jesus Christus war ein Vorbild für mich, wie er sich liebevoll besonders um die Menschen, die in Nöten waren, gekümmert und ihnen geholfen hatte. Doch dass Gott seinen geliebten Sohn qualvoll am Kreuz hatte sterben lassen – wozu, warum? –, schob ich weit weg. Diesem Thema war ich stets ausgewichen. Ich machte Gott immer noch Vorwürfe, weil mein geliebter Papa hatte sterben müssen.

›Wollen Sie mal mit Pfarrer Hüttner in Lambrecht telefonieren?‹, unterbrach Dekan Gescheidle meine Gedanken. Schon hatte ich den Telefonhörer in der Hand: ›Können Sie noch heute herkommen?‹ Kein Problem; ich war ja sowieso mit dem Auto meiner Mutter unterwegs. Im Gespräch in Lambrecht erfuhr ich dann, dass sich bereits eine Sozialarbeiterin beworben habe, die jedoch keinen kirchlichen Hintergrund hätte. Pfarrer Hüttner würde sich freuen, wenn ich mich noch bewarb. Er drängte: ›Die Bewerbungsfrist läuft heute aus! Ich rufe in Speyer an, damit der Personalreferent noch auf Sie wartet, um Ihre Bewerbung entgegenzunehmen.‹

Pfarrer Hüttner tippte dann schnell meine Bewerbung auf seiner Schreibmaschine und ich unterschrieb sie. Die Bewerbungsunterlagen hatte ich ja frisch beglaubigt dabei. Weiter ging die Fahrt nach Speyer. Obwohl er wegen mir erst spät Feierabend machen konnte, nahm der damalige Oberkirchenrat Cherdron meine Bewerbung freundlich entgegen und hatte auch noch Zeit für ein ausführliches Gespräch.

Tatsächlich wurde ich dann vom Presbyterium in Lambrecht gewählt und trat meinen Dienst in der Kirchengemeinde an. Durch meine berufliche Beschäftigung mit Gott, der Bibel und dem Glauben fand ich allmählich auch zu einer persönlichen Beziehung zu Christus. Ich hatte Gott nicht gesucht, aber er hatte mich gefunden, indem er mein Leben lenkte und die Tür zu meiner neuen Arbeitsstelle ganz unerwartet aufgestoßen hatte. So konnte ich schließlich auch Jesu Opfer am Kreuz für mich annehmen und meinen Frieden mit Gott schließen.

Pfarrer Hüttner war mir in allen Bereichen der Gemeindearbeit ein hervorragender Mentor, und wir verstanden uns bestens. Er traute mir viel zu, sodass meine Unsicherheit mehr und mehr verschwand, und führte mich sogar in die Praxis des Gottesdienstes ein. Nur meine Mutter machte sich Gedanken darüber, dass ich einen Beruf ausübte, den ich eigentlich nicht gelernt hatte.«

Tatsächlich war ich als Mutter besorgt, wie ein früherer Chemiestudent und ausgebildeter Sozialarbeiter Gemeindeaufbau betreiben konnte; denn in der Lambrechter Kirchengemeinde hatte Johannes einige Aufgaben, für die er nicht im Geringsten ausgebildet war. Würde das gut gehen? Da erinnerte ich mich an mein mütterliches Geheimnis. Hatten wir doch als junge Eltern damals unseren erstgeborenen Sohn voller Dankbarkeit dem Herrn geweiht, er möge ihn in seinen Dienst nehmen. Und Gott hatte es getan. Nach Umwegen und Fehlschlägen arbeitete Johannes nun gutwillig im »Weinberg des Herrn« – obwohl er das selbst nie geplant hatte! Eine wahrhaft mühsame Arbeit, aber nicht vergeblich. Er arbeitete sich sozusagen zwischen den Rebzeilen Stück für Stück immer weiter nach oben und pflegte zuverlässig die Weinstöcke. Der Wingert war steil, der Boden steinig, und doch erntete er im Auftrag des Herrn zuerst spärlich, dann aber immer mehr Trauben. So treu ist der Herr! Er nimmt unsere Gebete an, wenn sie aufrichtig sind, und führt uns nach seinem göttlichen Plan, indem er Türen verschließt und andere öffnet. Auf diese Weise redet er unmissverständlich. Sind wir bereit, darauf zu achten?

Noch einmal verschloss Gott meinem Sohn eine Tür und tat dafür eine neue auf. Pfarrer Hüttner wechselte aus familiären Gründen in eine andere Landeskirche. Johannes überbrückte tatkräftig die schwierige Zeit der Vakanz. Ein junges Pfarrerehepaar übernahm die Stelle und hatte neue Vorstellungen. Dass der Gemeindediakon für die meisten in der Gemeinde der Ansprechpartner blieb, sahen sie nicht so gern. Da ging für Johannes die Lambrechter Tür wieder zu. Er sah nun die Zeit gekommen, sich um eine neue Stelle zu bewerben. Die Kirchenregierung bot ihm sogleich einen Arbeitsplatz als Mitarbeiter im Gemeindepädagogischen Dienst innerhalb des Kirchenbezirks Germersheim an, wo er sich bis heute einsetzt. Seine Arbeitsgebiete sind Gottesdienstvertretungen, Bibelstunden, Altenarbeit, Singkreise, Kinderfreizeiten, Besuchsdienst, Erwachsenenbildung in verschiedenen Kreisen, aber auch Kindergottesdienst, Mithilfe bei der Konfirmandenarbeit und vieles mehr. Da er mehrmals im Heiligen Land, in Israel und Jordanien war, kann er in seiner Verkündigung besondere Akzente setzen.

Er selber sagt jetzt:

»Zeiten voller Not in meinem Leben haben mich für diesen Beruf vorbereitet. Sie ließen mich reifen, sodass ich jetzt meine Mitmenschen mit ihren Lasten besser verstehen kann. Ich bin dankbar, dass Gott so klar in mein Leben eingegriffen hat, was ich allerdings erst jetzt im Rückblick erkenne. Wenn wir ohne ihn eigene Pläne machen und durchführen, zeigt er uns väterlich, wenn er etwas anderes mit uns vorhat. Gott hat meine hochfahrenden Ziele, ein berühmter Wissenschaftler zu werden, völlig zerschlagen und mir dann gezeigt, dass ich mein Leben nicht ohne seine und die Hilfe meiner Mitmenschen bewältigen kann. Es hat sicher meinen Hochmut gedämpft, dass ich fast ein halbes Jahr lang mit einem guten Zeugnis auf vergeblicher Arbeitssuche war. Und dann der unerwartete Fingerzeig auf eine Anstellung bei der Kirche! Mit der auslaufenden Bewerbungsfrist in der letzten Minute sagte Gott mir deutlich: ›Es ist selbst für dich nie zu spät auf meinen Wegen zu gehen! Vertraue mir!‹«

Glauben ist Ruhen in der Treue Gottes.
Hudson Taylor

Impulse zum Nachdenken und für Gruppengespräche

1. *Apostelgeschichte 16,6 lesen: Paulus reist nach bestem Wissen und Gewissen, hat aber dabei stets ein offenes Ohr für Gottes Reden. Ohne Murren ist er immer bereit zu gehorchen. Wo Gott ihm Türen verschließt, wagt Paulus sofort, neue Schritte zu gehen (Verse 7-8). Als Gott im Traum eindeutig mit ihm redet, reagiert er sogleich (Verse 11-12). Nach verschlossenen Türen in Philippi führt Gott ihn zu einem offenen Herzen und in ein offenes Haus (Verse 14-15).*

2. *»Der Mensch denkt und Gott lenkt!« – haben Sie das schon im eigenen Leben erfahren?*

Komm herüber nach Makedonien und hilf uns
(Herkunft unbekannt)

85

KAPITEL 11

Warum hören wir Gott manchmal nicht ?

Wenn wir Gott nicht zu uns reden hören, könnte es daran liegen, dass wir keine persönliche Beziehung zu ihm haben. Wir tun zwar gute Werke, sind anständig und religiös, sind sogar getauft und gehen auch in die Kirche, aber wir leben nicht in einer herzlichen Verbindung mit ihm. Jemand sagte einmal: »Das Sitzen in der Kirche macht aus Menschen genauso wenig wiedergeborene Christen wie das Sitzen in einer Garage sie zu einem Auto macht!« Falls Sie sich nicht sicher sind, ob Sie wiedergeboren sind, oder wenn Sie Jesus noch nie als den Herrn Ihres Lebens angenommen haben und wenn Sie sich nach einer innigen Beziehung zu ihm sehnen, dann beginnen Sie ein neues Leben, indem Sie einfach folgendes Gebet sprechen:

> »Vater im Himmel, du hast die Welt so sehr geliebt, dass du deinen einzigen Sohn hingabst, um für unsere Sünden zu sterben, damit alle, die an ihn glauben, nicht verloren gehen, sondern ewiges Leben haben. Ich glaube, dass Jesus Christus am Kreuz auch meine Schuld mit seinem Blut bezahlt hat und dass du ihn vom Tod auferweckt hast. Von ganzem Herzen danke ich dir! Von nun an soll Jesus mein Geliebter sein, mit dem ich auf ewig verbunden bin. Erfülle mich mit deinem heiligen Geist und gib mir ein neues Herz, das auf deine Stimme hört. Amen.«

Ein solches Gebet erhört Gott jederzeit liebend gern. Wenn uns nun jemand fragt: »Zu welcher Religion gehören Sie?«, dann sollten wir demjenigen von unserer persönlichen Beziehung zu Jesus Christus erzählen, anstatt gleich zu erwähnen, zu welcher

Kirche oder Gemeinde wir gehören, denn wir sind in Gottes weltweiter Familie seine neugeborenen, geliebten Kinder. Und wie es in dieser gottgewollten Familie nun so ist, leben wir im vertrauten Gespräch mit Vater, Sohn und Heiligem Geist und haben jetzt ein besonderes Gehör für ihn.

Ein anderer Grund, warum wir Gott möglicherweise nicht zu uns reden hören, könnte sein, dass wir zu beschäftigt sind. Davon kann ich leider ein Liedlein singen, denn ich bin von Natur aus ein aktiver Typ, der stets organisiert. Oft fällt es mir schwer, lange Stille Zeit zu halten und geduldig auf Gottes leise Stimme zu hören. So traf mich eine Zeile aus einem alten Lied von Gerhard Tersteegen mitten ins Herz: »Nur an einer stillen Stelle legt Gott seinen Anker an.« Da hörte ich Gott traurig sagen: »Ich wollte mit dir reden, aber du warst dauernd in Aktion!« Nun stelle ich mir vor, dass Gottes Gnadenschiff voll beladen bei mir anlegen will. Seine Fracht sind himmlische Geschenke wie Vergebung, Zuwendung, Heilung, Wegweisung und vieles mehr. Kann er in Ruhe bei mir ausladen oder ist mein Herzenshafen ganz durcheinander und ständig in Aktion?

Ein anderes Mal sagte er enttäuscht: »Ich wollte dich besuchen, meine Tochter, aber du warst nicht zu Hause, sondern dauernd unterwegs!« Wieder ein anderes Mal hatte ich den Eindruck, er sitze schon auf meiner Couch vor der aufgeschlagenen Bibel und warte auf mich. Ich aber wirbelte noch im Wohnzimmer herum, räumte auf und führte angeblich wichtige Telefonate. Da fragte er mich: »Lässt du die höchste Majestät so lange warten?« Zu unserem Glück ist Gottes väterliche Geduld unergründlich. Nichts, aber auch gar nichts kann ihn in seiner Liebe zurückhalten, immer wieder neu auf uns zuzugehen.

Eine andere Ursache, warum wir Gottes Reden nur schlecht oder gar nicht hören, kann diese dunkle, ziemlich schalldichte Mauer zwischen ihm und uns sein. Sie besteht aus dicken Quadersteinen, die Namen tragen. Einer von ihnen ist schwarz durch Bitterkeit. Auf ihm steht »unversöhnlich«. Wem haben wir nicht vergeben? Ist es die Mutter, die schon in der Ewigkeit ist, oder sind es Geschwister, mit denen wir wegen des Erbes keinen Kontakt mehr haben? Ist es der Mann, der uns zutiefst gedemütigt und verletzt hat? Der Nachbar, der uns verleumdet hat? Der ungerechte Chef? Wem sollten wir die Hand reichen oder ein Zeichen unserer Vergebung zukommen lassen? Wer hat uns so gekränkt, dass wir innerlich krank geworden sind? Es ist erwiesen: Unversöhnlichkeit hält uns davon ab, Gottes Stimme zu hören. Doch Gott gibt uns liebend gern die Kraft, jedem zu vergeben, wenn wir ihn darum bitten; denn wir leben ja auch von seiner Vergebung und können deshalb gut eine »Spende« an die geben, welche an uns schuldig geworden sind.

Es gilt also, Quader um Quader dieser Mauer abzureißen, damit wir Gott zu uns reden hören können. Auf einem besonders schweren steht »Nachtragen«; auf einem anderen »Neid«. Bin ich eifersüchtig oder neidisch, wenn andere mehr haben oder beliebter und begabter sind? Ein großer Stein trägt die Aufschrift »Lügen«. Auf Quadern, die hinter einem Gebüsch versteckt sind, ist zu lesen »negative und verurteilende Gedanken«, »Richtgeist«, »Ablehnung« und »Minderwertigkeitskomplexe«. Ganz oben auf der dunklen Mauer thronen zwei spitze Steine namens »Stolz« und »Hochmut«. Auf einem hohen Steinhaufen ist ein Schild errichtet, auf dem »Vorwürfe« steht; hier liegt auch reichlich Material bereit, um andere zu bewerfen. Doch Gottes Gnade hilft uns, nach und nach alle Blockaden aus dem Weg zu räumen.

Genau das haben wir zuletzt augenscheinlich durch die Evangelisation ProChrist und auch an den Nachfolgeabenden erlebt: Manche Besucher sind von innen her so total erneuert worden, dass es sogar für ihre Nächsten zu erkennen war. Nun wollen sie ihre Ohren ganz auf Gott ausrichten und ihren »Empfang« störungsfrei halten. Sie vertrauen ihm ihr weiteres Leben an. Aus Liebe zu ihm wollen sie ihm gehorchen und sind jetzt dabei, Ungutes in ihrem Leben zu ändern. Tagtäglich möchten sie sich von Gott führen lassen und lernen nun mit geheiligten Ohren, auf seine Stimme zu hören. Dadurch heilen bei ihnen manche inneren Verletzungen, sogar solche, die Jahrzehnte zurückliegen. Sie erhalten die Kraft, denen zu vergeben, die sie verletzt haben. Nun kann niemand mehr, der ProChrist miterlebt hat, zweifeln, ob es geistliche Neugeburten noch gibt, sondern jetzt kann jeder nur noch staunen über solche Schöpfungswunder.

Mein Wunsch ist, dass wir uns, je älter wir werden, umso klarer von Gott leiten lassen. Wohin? Was ist Gottes Ziel für jeden von uns? Dass wir auch in der Ewigkeit nicht getrennt von ihm leben müssen, nämlich ohne seinen Trost, ohne seine Gnade, ohne seinen Schutz, ohne seine beglückende Nähe ... Das wäre das Allerschrecklichste! Deshalb gibt es nichts Wichtigeres, wofür wir unsere Zeit einsetzen könnten, als zu lernen, wie man auf Gottes Stimme, die vielfältig zu unserem Geist redet, horcht und ihr dann auch gehorcht.

Impulse zum Nachdenken und für Gruppengespräche

1. Das Hingabegebet kopieren und jedem in die Hand geben.
   Frage: Kann ich dem zustimmen?
2. Wie heißen die Blockaden zwischen Gott und mir?
3. Wie können diese beseitigt werden?
4. Wie lautet das eine oder andere Gespräch zwischen mir und Gott?

Der freundliche Bettler

Eine Gemeindehelferin machte sich Vorwürfe wegen ihrer Gutmütigkeit. Sie hatte einem notorischen Bettler, einem offensichtlich arbeitsscheuen Menschen, wieder einmal etwas gegeben. Dabei hatte sie sich fest vorgenommen, dem Mann lediglich eine geharnischte Gardinenpredigt zu halten und ihn dann ohne die üblichen fünf Euro fortzuschicken. Aber dieser gerissene Kerl hatte es so gut verstanden, seine Sache vorzubringen, dass sie ihm wieder aus ihrem eigenen Geldbeutel Geld gegeben hatte. Mit übermütigem Gruß verließ der Bettler sichtlich vergnügt das Büro.

Als sie nun am Abend betete, klagte sie sich vor Christus an. Sie fragte ihn, ob es nicht Sünde sei, solch einem verkommenen Objekt Almosen zu geben. »Ich weiß genau, Herr«, seufzte sie, »er hat die fünf Euro doch bloß vertrunken!« Da antwortete ihr Jesus: »Woher willst du das wissen? Du hast freilich recht: Er hat dein Geld wirklich vertrunken. Aber immerhin hat er dazu seinen Kumpel eingeladen. Dieser nämlich hatte weniger Erfolg; er war an euren Diakon geraten, und der ist, wie du weißt, strenger als du. Nun sage mir aber: Wie ist es denn gekommen, dass du deinen Vorsatz vergessen hast?«

Die Gemeindehelferin, die nicht mehr die Jüngste war, errötete: »Ach, es ist mir peinlich, dir das zu sagen, Herr. Dieser Kerl ist ja eigentlich ein lustiger Mensch, so unbekümmert und sorglos, wie ich sonst keinen kenne. Schließlich machte er mir auch noch ein Kompliment, und da – ich schäme mich, es zu bekennen – hatte ich auch sogleich meinen Geldbeutel in der Hand …«

»Schon gut«, antwortete Jesus, der Bruder aller Menschen.

»Tröste dich, du weißt, was du ihm getan hast, das hast du mir getan.«

»Aber deshalb tat ich es doch gar nicht!«, warf die Gemeindehelferin ein.

Jesus erwiderte: »Nun, vielleicht ist es umgekehrt, und er hat dir das getan, was ich dir tun wollte!«

»Wie soll ich das verstehen?«

»Sieh mal«, antwortete Jesus, »er war freundlich zu dir und hat dir ein Kompliment gemacht. Nimm es von mir an!«

NACHWORT

Liebe Leserinnen, liebe Leser,
in den vergangenen Kapiteln habe ich Erlebnisse beschrieben,
wie Gott heute noch redet. Sie sind in meinem Freundeskreis
oder auch in meinem Leben selbst passiert. Dadurch möchte ich
Ihre Aufmerksamkeit schärfen, viel mehr auf Gottes Reden zu
achten. Sicher, er hat uns mit der Bibel, von der Genesis bis zur
Offenbarung, das Wichtigste gesagt. Damit können wir leben
und sterben. Und doch redet er heute immer noch auf ganz verschiedene Art und Weise zu seinen Menschenkindern. Warum?
Weil er sie lieb hat. Er will mit jedem eine Liebesbeziehung auf-
bauen. Dazu gehört es, miteinander zu reden. Was ist das für eine Ehe, in der nur ein Partner redet, der andere kaum zuhört,
wie in Kapitel 1 geschildert? Sie wird im Schweigen enden! So
weit darf es in unserer Beziehung zu Jesus Christus niemals
kommen!

Auch will er, dass wir unsere Entscheidungen möglichst nach
seinem Plan treffen, weil es absolut das Beste für uns ist. Darum
redet er und führt uns väterlich, wenn wir aufrichtig um seine
Leitung bitten, wie ich es selbst oft erlebt habe und als Beispiel
in Kapitel 8 schildere.

Auch weiß unser himmlischer Vater, wenn wir Trost in Trauer
und Hilfe in Depressionen brauchen, um nicht zu verzweifeln.
Seinen Zuspruch hat Lore erlebt (Kapitel 6) und auch ich, als
mein Mann so früh gestorben ist (nachzulesen in meinem Buch
Gott tröstet; ebenfalls erschienen bei SCM R.Brockhaus).

Der wichtigste Grund, warum Gott heute noch zu uns redet,
ist wohl, damit wir ihn näher kennenlernen und uns ihm restlos
anvertrauen. Diese Verbindung wird von seiner Seite her lebenslang nicht abreißen. Sie funktioniert, wenn er zu uns redet und
wir gut hinhören und ein andermal, wenn wir zu ihm sprechen
und er uns pausenlos zuhört. Die Leitung zu ihm ist nie besetzt;

auch wenn ihn Milliarden Menschen gleichzeitig bitten, widmet er sich väterlich jedem Einzelnen.

Seine Art und Weise, mit uns zu reden, ist oft sehr verschieden: Häufig spricht sein Geist in Gedanken zu unserem Geist; doch selten hörbar laut, sodass wir am besten nicht darauf warten sollten. Sehr vereinzelt spricht er durch Träume, was ich selbst nie erlebt habe. Ab und zu spricht er auch durch Visionen und Eindrücke, die aber unbedingt von reifen und erfahrenen Christen geprüft werden müssen. Es besteht nämlich die Gefahr, dass ungereinigte »Propheten« ihre eigenen Wünsche oder Probleme auf die projizieren, denen sie prophezeien.

Recht häufig redet Gott durch Umstände, wie z.B. verschlossene und offene Türen, durch Fehlschläge oder Bestätigungen, durch Ereignisse und Begegnungen, die wir mit Gottes Hilfe deuten können. Sogar Bücher, wie dieses vorliegende, können unser inneres Ohr schärfen. Hören wir hin, wenn er redet?

Unser Schöpfer spricht jedoch auch durch die Natur: Werden und Vergehen im Frühling, Sommer, Herbst und Winter. Der blaue Himmel, ziehende Wolken und Regen, der das trockene Land feuchtet – daran labt sich unsere Seele. Aber auch Gewitter, Blitz und Donner erinnern uns an die Urgewalt der Schöpfung. Gehen wir mit sehenden Augen, offenen Ohren und einem empfangsbereiten Herzen durch die Natur? Dann hören wir auch diese Sprache Gottes.

Sehr viel halte ich von dem Rat, den mir reife Christen geben, die mich lieb haben, mit mir beten und die vor allem geübt sind, auf Gott zu hören. Wenn sie sensibel für Gottes Stimme sind, können sie sogar sein Sprachrohr für mich sein. Deshalb sollten wir Christen stets offene Ohren haben. Vielleicht will Gott durch uns dem anderen eine Botschaft übermitteln? Darum ist es das Wichtigste, in uns hinein auf die leise Stimme des Heiligen Geistes zu lauschen. Dass dieser in uns wohnt und zu uns spricht, sollte die natürliche, normale Erwartung der Jesusnachfolger sein.

Am meisten üben wir uns im Hören, wenn wir täglich einen Abschnitt in der Bibel lesen, besonders im Neuen Testament, z.B. nach der Methode des Bibellesebundes: B – L – E – A:

B = Bitten Sie Gott, dass er durch die Bibel zu Ihnen redet und dass sein Heiliger Geist Ihnen hilft, angemessen darauf zu reagieren.

L = Lesen Sie den Bibelabschnitt sorgfältig durch, am besten zweimal und halblaut.

E = Entdecken Sie selbst die Bedeutung des Gelesenen, bevor Sie eine Erklärung lesen, anhand folgender Fragen:

a) Was erfahre ich über Gott, Jesus oder den Heiligen Geist?

b) Wie hilft mir dieser Bibelabschnitt, mich selbst zu verstehen, auch meine Situation und meine Beziehungen?

c) Gibt es eine Aufforderung, eine Zusage, eine Warnung oder etwas, woran ich mir ein Beispiel nehmen soll?

d) Was hat Gott mir in seinem Wort heute gezeigt?

A = Ihre Antwort darauf kann sein: Anbetung, Umkehr, Veränderung in Ihrem Leben oder Gebet für Sie und für andere. Halten Sie auch Ausschau nach Möglichkeiten, Ihre Bibelentdeckungen mit anderen Christen zu teilen, z.B. in einem Hauskreis.

Zeitweise gibt es allerdings auch unbeantwortete Gebete. Das macht uns sehr zu schaffen! Selbst der Apostel Paulus erlebte, dass sein Gebet nicht erhört wurde (siehe 2. Korinther 12,7). Doch wurde es ihm und uns Lesern zum Segen; er wurde ganz neu von Gott abhängig. Auch uns kann eine solche Enttäuschung reifen und geistlich Frucht bringen lassen. Ich denke da an Joni Eareckson-Tada, ein junges Mädchen von 17 Jahren. Sie sprang kopfüber in einen flachen See und tauchte als Querschnittgelähmte wieder auf. Unheilbar! »Wie kann Gott das zulassen?«, fragte Joni Tag und Nacht. Ihre Freunde und sie beteten gläubig um ein Heilungswunder. Nichts geschah! Und doch hat Gott sie ganz verändert: Sie lernte mit einem zwischen die

Zähne geklemmten Pinsel zu malen, sie gab Behinderten neuen Lebensmut, und ihr Vertrauen zu Gott wuchs immer mehr. Sie sagte Ja zu Gottes Führung, zeitlebens im Rollstuhl zu sitzen. Ihre Vorträge, Bücher und Filme helfen bis heute Unzähligen, die auf der Schattenseite des Lebens stehen.

Am schwierigsten erscheint mir, die Stimme des Satans zu erkennen; denn er behauptet, dass er eine Botschaft von Gott für uns hat und »lügt fromm«! Wenn wir nicht auf Gott hören, dann hören wir automatisch auf die falschen Stimmen und lassen uns täuschen. Vielleicht haben wir dabei in unserem Bauch ein gewisses ungutes Gefühl? Sollten wir nicht darauf achten und unsere Entscheidung noch einmal überdenken? Oder setzen wir je nach Lust und Laune unseren Kopf durch? Erst wenn wir inneren Frieden haben, sollten wir hörend erste Schritte gehen. Es lohnt sich, aufrichtig auf Gott zu hören, und wir werden ein befriedigtes und zielorientiertes Leben haben, auch wenn die äußeren Umstände schwierig sind.

Es segne Sie Gott, der Barmherzige,
Vater, Sohn und Heiliger Geist!

Ihre Hannelore Risch

**Von Hannelore Risch sind außerdem
folgende Bücher lieferbar:**

Gott hört dein Gebet, SCM R.Brockhaus
Gott tröstet, 23. Auflage, SCM R.Brockhaus, als Hörbuch bei
  SCM ERF-Verlag erhältlich
Was Frauen mit Gott erleben, SCM Hänssler